세컨더리
마인드

황현희, 제갈현열 지음

세컨더리 마인드

SECONDARY
MIND

무 너 질 수 록 더 강 해 지 는 제 2 의 정 신 력

다산
북스

＊ 성공하는 사람들은 자기만의 성찰 시스템을 갖고 이를 루틴화한다. 누구보다 자신과 깊은 대화를 하고 자신만의 멋진 성찰 시스템을 만들어간 저자들의 진가를 이 책을 통해 알 수 있었다. 그들의 말처럼 세상에서 나를 가장 아끼고 걱정하는 사람은 나 자신뿐이다. 남들의 시선과 조언에서 벗어나 나의 말에 귀 기울이고 나의 실수에서 배우는 사람만이 원하는 인생을 살아갈 수 있다.

_김미경(강사, MKYU 대표)

＊ 극단에서 본 현희의 첫인상은 불만이 가득한 투덜이 같았다. 백 원짜리 콘서트에 올라온 양 볼 가득 불만스러운 현희가 참 웃겼다. 못 보던 스타일의 참 희한한 놈이라고 생각했다. 누군가 "어떻게 그렇게 많은 후배를 양성하셨어요?" 하고 물으면 "선배양성 하는 것보다 후배양성 하는 게 훨씬 쉬우니까."라고 답하곤 하는데 현희는 선배를 가르치는 후배였다. 이 책에도 밑줄 많이 그었다. 여전히 희한하고 배울 게 많은 후배다. 국수를 만들다 보면 국수는 안 되더라도 수제비라도 될 수 있다는 진리를 담은 책! 자, 밀가루부터 사러 가자.

_전유성(개그맨)

＊ 14년 동안 1000명이 넘는 성공한 사람들의 삶을 곁에서 보고 인터뷰했다. 그들과 이야기 나누고, 밥 먹고, 술도 마시며 품게 된 질문은 '왜 대부분이 열심히 살지만 모두 성공하지는 못하는가'였다. 그리고 그 오랜 질문의 답을 얼마 전 인터뷰에서 찾게 되었다. 'deliberate practice', 신중한 연습과 피드백이 부족했기 때문이다. 우리는 늘 "자신과 남을 비교하지 말고, 어제의 나와 비교하

라"라는 이야기를 듣는다. 이 말을 다른 사람들과 지나치게 경쟁하거나 비교하면서 과한 스트레스를 받지 말라는 정도의 뻔한 말로 생각했을 수도 있다. 그러나 어제의 나보다 단 0.1cm라도 성장할 수 있다면 그 사람은 성공할 수밖에 없다. 이토록 간단한 성공 방식을 우리가 실제로 실천하지 못하는 이유는 어제의 내 문제를 바라볼 용기가 없고, 그래서 정확한 문제점을 모르고 계속해서 같은 실수를 반복하기 때문이다.

물론 그 과정에서 문제점을 찾고, 해결 방법을 함께 고민해주는 좋은 스승도 필요하겠지만 더 중요한 건 이 책에서 말하고 있는 것처럼 '처음이기에 실수는 당연하다고 생각하는 마음, 실수하더라도 그 과정에서 악착같이 배움을 얻어 내려는 마음, 그리하여 같은 실수를 반복하지 않고 나아가려는 마음'이다. 바로 '세컨더리 마인드'다. "말을 물가로 끌고 갈 수는 있어도 물을 먹일 수는 없다"라는 속담처럼 세컨더리 마인드를 지녀야 자신의 문제점을 찾든, 좋은 선생님을 찾든, 해결책을 찾든 할 수 있다.

이 책의 저자 중 한 명인 개그맨 황현희에게 전유성 선생님이 좋은 스승이 되어준 것처럼, 이 책이 많은 이들

의 시작을 이끌어줄 좋은 선생님이 되어주기를 진심으로
바란다.

_김도윤(유튜브 <김작가 TV> 운영자, 『럭키』 저자)

＊ 사람은 단 한 명도 빠짐없이 과거에 실수와 실패
를 경험하였고, 단 한 명도 빠짐없이 미래에도 실수와 실패
를 할 것이다. 그래서 이 책은 살면서 누구나 한 번쯤은 읽
어야 할 책이다. 누가 보아도 '오답'에 가까운 선택을 했던
그들의 이야기에서 여러분만의 '정답'을 얻어가길 바란다.

_김종봉(전업투자자, 『돈의 시나리오』 저자)

＊ 황현희는 대중에 잘 알려진 사람이지만, 성공한
연예인으로 화려한 길을 걷고 있지는 않다. 오히려 개그맨
이후 그의 삶이 더 많은 사람에게 공감을 불러일으키고 있
다. 그런 그의 삶이 담긴 이 책은 실패와 실수를 두려워하
는 이들에게 용기와 지혜를 선사한다. 저자들의 진솔한 경
험과 깨달음이 담긴 이 이야기들은 당신의 도전에 기꺼이
길잡이가 되어줄 것이다. 도전의 의미와 성공의 비밀을 알
고 싶다면 이 책과 함께 실패를 넘어 진정한 성공에 도달

해 보자.

_김학렬(스마트튜브 부동산조사연구소 소장)

✻ 오랫동안 알고 지낸 귀여운 동생이 어느 날부터인가 듬직하고 존경스러운 동생이 되었다. 그에게 일어난 일은 거의 다 알고 있다고 자부했지만, 그중 무엇이 그를 이렇듯 달라지게 했는지는 알 수 없어 늘 궁금했다. '세컨더리 마인드'가 바로 그 비밀이었다. 누구에게나 실패와 시련은 찾아오지만, 그 순간을 어떻게 받아들이고 이겨내느냐에 따라 인생은 완전히 달라질 수 있다. 인생은 나의 선택이기에 어떤 선택을 하느냐에 따라 인생이 달라지는 것이다. 이 책은 세컨더리 마인드를 통해 저자들이 위기와 실패에서 어떤 선택을 해왔는지를 보여준다. 그들의 이야기를 통해 나 또한 내 안의 세컨더리 마인드를 다시 한번 강하게 다질 수 있어 행복했다.

_한석준(아나운서)

✻ 현열이의 입을 빌려 나의 어제를 말하는 것 같았다. 그때 실수하지 않았더라면 하고 후회할 때 나는 늘 멈

취있었다. 그때의 실수가 있었기에 이만큼 올 수 있었다는 걸 깨달았을 때 나는 나아가고 있었다. 아프니까 멈추는 건 그만하자. 아팠기에 나아가 보자. 저자들의 깨달음이 든든한 나침반이 되어줄 것이다.

_아웃사이더(가수)

전쟁 전략 중에 '후발제인(後發制人)'이라는 것이 있다. 후발
제인이란 한 걸음 물러나 있다가 뒤에 손을 써 적을 제압하는
방식을 의미한다. 흔히들 알고 있는 '선공필승(先攻必勝)'과는
정반대의 개념이다.

역사를 바꾼 위대한 전쟁 중에서도 후발제인 전략을 사용한
경우가 많다. 조선의 역사를 뒤바꾼 이순신의 한산도대첩에서
도, 중국 후한 말기 일대 결전이라 불리는 조조의 관도대전에
서도 바로 이 후발제인이 승리의 전략이었다.

이러한 후발제인의 마음가짐을 나는 '세컨더리 마인드'라 부른다. 완벽한 성공을 위해 선공을 내어주고 역습을 통해 삶을 뒤바꾸는 마음가짐이다. 여기서 선공이란 미약한 시작과 어설픈 실수를 의미한다. 모든 성공의 시작은 초라하다.

아마존도 처음에는 단칸 사무실의 컴퓨터 하나로 출발했고, 애플도 낡은 차고의 기계 덕후 두 명의 손에서 시작됐다. 지금의 에어비앤비는 성공하기 직전까지 수십 번 망하며 바퀴벌

그럼에도 그들은 그 과정을 기꺼이 받아들였다. 시행착오를 통해 배우고 끊임없이 새로운 가능성을 발견했다. 그런 배움이 모여 마침내 지금의 위대한 성공을 이룬 것이다. 성공에서 후공이란 바로 이런 마음가짐이다. 처음이기에 실수는 당연하다고 생각하는 마음, 실수하더라도 그 과정에서 악착같이 배우려는 마음, 그리하여 같은 실수를 반복하지 않고 나아가려는 마음.

세컨더리 마인드가 특별한 묘수나 비법은 아니다. 그러나 성공을 이루는 가장 빠른 '정석'이라는 것만은 자신한다. 우리가 바꿀 수 있는 건 단 하나, 마인드뿐이다. 무너질 때마다 더 단단해진 마음가짐으로 잘못을 반성하고 과오에서 배워 다시 나아가기로 마음먹는다면 실패하지 않을 것이다.

이 책이 실수하는 것이 두려워 정작 아무것도 시작하지 못한
당신에게 제법 의미 있는 계기가 될 수 있기를 바란다.

무너질 때마다 폭발적으로
성장하는 사람들의 마음가짐

인류를 구원한 최초의 항생제 페니실린은 박테리아 배양접시의 뚜껑을 제대로 닫지 않아 어디선가 날아온 곰팡이가 박테리아를 모조리 먹어치워 버린 사건으로 우연히 발견되었다.

원래 강력한 접착제를 개발하려던 실험이 오히려 쉽게 떨어져 버리는 접착제를 만들어내면서 미국의 제조기업 쓰리엠(3M)은 최초의 포스트잇을 발명하게 되었다.

남성 발기부전 치료제 중 가장 잘 알려진 비아그라 역시 협심증 치료를 위한 약을 개발하는 중에 발견된 부작용으로 만들어졌다.

지금 우리가 전에 없는 탁월한 발견 혹은 발명이라고 여기는 것 중 대다수가 처음에는 그저 실수 정도로 치부된 경우가 많다. 그러나 이들이 처음 잘못을 저질렀을 때 그저 실패했다고만 생각한 채로 넘겨버렸다면 페니실린도, 포스트잇도, 비아그라도 이 세상에서 빛을 발하지 못했을 것이다.

세상 돌아가는 일이 대개 그렇다. 우리는 모두 실수하고 때로는 실패한다. 대부분은 자신이 저지른 실수를 다시는 떠올리고 싶어 하지 않지만 아주 소수의 사람은 도리어 그 실수에 현미경을 갖다 댄다. 그리고 기어이 실수에서 엄청난 성공의 가능성을 찾아내고야 만다. 성공한 사람들만이 지닌 마음가짐, 무너질수록 강해지는 제2의 정신력. 그것을 이 책에서는 '세컨더리 마인드'라고 부르겠다.

나는 언제나 걱정에 휩싸여 있었다. 어떤 일을 시작하든 부정적인 질문들이 나를 괴롭혔다. 개그맨 준비생일 때는 친구들조차도 제대로 웃겨보지 못했던 내가 정말 개그맨이 될 수 있을까? 무대에서 나를 바라보는 사람들을 웃길 수 있을까? 이제 막 투자를 시작하는 시점에는 모든 면에서 평균 이하라고 생각했던 내가 투자로 성공할 수 있을까? 지금 가진 명예와 돈마저도 다 날리고 거지가 되는 것은 아닐까? 영영 회생할 수 없을 정도로 망해버리는 것은 아닐까? 끊임없이 나 자신을 의심했다.

그러나 나를 괴롭히던 수많은 질문의 결론은 언제나 하나였다. 까짓것, 그냥 해보자! 까이면서 배워보자. 무너지면서 기꺼이 강해지자. 그렇게 나는 까이면서 개그맨이 되었고, 무너지면서 투자자가 되었다. 그렇게 깎이고 넘어지면서 여기까지 와보니 이제는 알겠다.

까짓것 해보자는 마음가짐 자체가 진짜 열쇠였다. 두렵지만 시도해 보고 잘못도 저질러보며 수십 번 넘어졌기에 하나라도 더 배울 수 있었고, 그 소중한 배움이 모여 오늘의 나를 만들었다.

그렇다고 내가 더 이상 무엇도 걱정하지 않는다는 뜻은 아니다. 이 책을 쓰기로 마음먹었을 때도 역시나 수많은 걱정에 두려웠다. 내가 이런 책을 내도 되는 사람인가? 이거 정말 내 인생의 큰 오점이 되는 일은 아닌가? 이 생각 저 생각이 꼬리에 꼬리를 물고 이어졌다.

그러나 이제는 이 모든 과정이 나를 강하게 만들 것이라는 확신이 있다. 그래서 나는 걱정되는 일에 더 적극적으로 뛰어든다. 무너질 때마다 폭발적으로 성장했던 기억이 나의 몸과 마음에 깊이 새겨져 있기 때문이다.

여전히 시작하기를 망설이고 있다면, 실수할까 봐 두려워 잔뜩 움츠리고 있다면, 그러나 누구보다 스스로가 더 잘되기를 간절히 바라고 있다면 잘 찾아왔다. 이 책에는 수없이 시도하는 과정에서 내가 저지른 수많은 시행착오를 담았다. 그리고 그 과정에서 깨어난 세컨더리 마인드가 무엇인지, 세컨더리 마인드를 만드는 프로세스는 또 무엇인지를 담았다. 평범한 삶의 한구석에서 이유 모를 불안과 분노를 느끼고 있는 모든 사람에게 이 책을 건네고 싶다. 안주와 도전 사이 어딘가에서 끊임없이 머뭇거리고 있을 당신이 이 책을 통해 잃어버렸던 세컨더리 마인드를 찾을 수 있기를 진심으로 바란다.

황현희

차 례

1부

세컨더리 마인드를 발견하다

1장 오늘 실수하지 않으면 내일은 실패한다

내 안의 막연한 두려움을 깨고 시도하기 위한 준비

2부

세컨더리 프로세스를 완성하다

SECONDA

세컨더리 마인드를 발견하다

| 성공한 투자자 황현희 |

RY MIND

오늘 실수하지 않으면
내일은 실패한다

내 안의 막연한 두려움을 깨고
시도하기 위한 준비

내 인생을 바꾼
세 번의 실수

거듭 말하지만 나는 내가 이룬 것들이 특별히 대단하다고 생각하지 않는다. 모든 면에서 평균 이하였던 내가 해낸 일들이니 말이다. 그런 의미에서 이 책은 오늘의 나를 만들어준 가장 중요한 세 번의 실수를 고백하는 것에서 시작해 보려 한다.

20대 초반, 나는 지방대 법학과를 다니다가 휴학 중이었고 허리 디스크로 공익근무요원으로 근무하고 있었다. 그때 나는 몸도 성치 않은 데다 외모가 훌륭한 것도, 키가 큰 것도 아니었다. 한마디로 별 볼 일 없었다는 말이다. 공무원 시험을 준비하기 위해 경찰청이 주관하는 경비지도사 국가자격증 시험을 보고 합격해 가산점 3점을 얻은 상태로 경찰 공무원 시험을 준비 중이던 때였는데, 문득 나는 대체 뭘 하고 싶은 사람인가에 대한 의문이 들었다. 아마도 경찰이 된다 해도 내 인생이 크게 달라지지 않을 것 같다는 생각을 했던 것 같다.

고민 끝에 결론 내린 20대 초반 나의 꿈은 작가였다. 유일하게 잘했던 과목이 언어 영역이었고 학창 시절에 글짓기 대회에서 늘 입상한 기억도 있었다. 글 쓰는 일이 가장 즐겁고 행복했다는 사실이 떠올랐다. 그러던 중 우연히 다음 사이트 배너 광고에 뜬 '전유성 코미디 시장'이라는 극단의 모집 공고를 보게 되었다. 오디션도 없고 무려 선착순 모집이라는 말에 작가라는 막연한 꿈을 키우고 있던 나는 일단 한번 가보자는 생각으로 무작정 그곳으로 향했다(물론 극단의 개그맨이 아니라 작가로 지원하고 싶던 거다). 아직 실력도, 이렇다 할 대회 입상 경력도 없던 내가 '선착순'과 '오디션 없음'에 꽂힌 것이다. 귀신에 홀린 듯 그곳에 찾아갔다. 무슨 용기가 났는지 모르겠다. 그냥 한번 해보자는 생각이었다. 내가 개그맨이 될 것이라고는 생각해 본 적도 없는 시기였다. 그리고 역시나. 그곳은 생각했던 것보다 더 엄청난 곳이었다. 난생처음 보는 연예인인 전유성 선생님께서 처음 내준 과제는 달걀로 웃기는 법 100가지를 발표해 보라는 것이었다. 너무 막막했다. 달걀로 웃기는 법 100가지를 써 오라는 것도 아니고 발표를 하라니. 그곳은 작가를 양성하는 곳이 아니라 개그맨을 키우는 곳이었고, 나는 호랑이 굴에 제 발로 들어간 것이었다.

그러나 이내 생각이 바뀌었다. 작가가 되려면 이 정도 상상력과 필력이 필요하다고 느낀 나는 그곳에 녹아들기 시작했다. 당시 공익근무요원이었던 나는 주말마다 책상에 앉아 경찰 공무원 시험을 준비했었다. 먹고는 살아야 한다는 생각으로 말이다. 그러나 내 주말 패턴도 이날 이후로 서서히 바뀌었다. 서울에서 남한산성이 있는 곳까지 매주 주말 찾아가 이런저런 교육을 받았다. 그곳에서 유명 연예인인 전유성 선생님과 만날 수 있다는 즐거움, 그저 개그맨을 지망하는 사람들과 같이 이야기 나누고 주말을 보낼 수 있다는 즐거움을 만끽했다. 신봉선, 조세호, 박휘순, 김대범, 이재형, 한현민, 김민경… 그때 극단에서 만났던 지망생 중에는 유명인이 된 사람도 많다.

어느 정도 시간이 지났을 무렵, 전유성 선생님은 이제 때가 됐다며 공연비를 딱 100원 정도 받고 콘서트를 열어보면 어떻겠냐고 제안하셨다. 그렇게 만들어진 첫 공연이 '100원짜리 콘서트'였다.

이 콘서트 무대에 서게 된 날, 내 인생은 완전히 바뀌었다. 200명 넘는 관객이 내 행동 하나하나에 집중하는 모습, 내 시선이 달라질 때 관객들의 눈이 모두 나를 따라오고 있다는 묘한 짜릿함. 공연이 끝나고 갑자기 찾아온 여대생은 나에게 팬이라고 했다. 모두 내가 처음 경험한 일이다. 신세계가 펼쳐졌다. 꿈이 바뀌게 된 순간이었다. 별 계획이나 생각 없이 덜컥 극단에 들어온 실수를 범하기는 했지만, 이 실수를 통해 내 인생이 통째로 바뀌고 개그맨이 되겠다는 꿈까지 얻은 것이다.

그렇게 20대 중반에서 30대 초반이 될 때까지 10년 동안 나는 눈이 뒤집힐 정도로 그 일에 몰입했다.

그때 어머니가 했던 말도 여전히 기억난다. 내가 밤마다 집을 나가 아이디어 회의랍시고 며칠씩 집에 안 들어오니 요즘 밤에 도둑질하고 다니냐며 물으셨던 기억이다. 그 정도로 나는 열정적이었다. 더불어 나는 이 순간의 실수로 인생에 다시없을 훌륭한 스승님도 만났다. 여전히 나는 인생의 방향성이 바뀌는 결정을 내리기 전 전유성 선생님과 이야기를 나눈다. 존경하는 스승 한 명 없이 살던 내가 일생일대의 스승님을 만난 것이다. 내가 책을 쓰게 된 것도 전유성 선생님 덕분이다. 책은 어떻게 쓰는 거냐는 내 질문에 선생님은 매일 A4 용지 한 장 정도의 글을 써보기를 권하셨고, 나는 그날 이후로 아는 신문사 기자에게 연락해 칼럼을 써보고 싶다는 부탁을 했다. 선생님을 생각하면 남부터미널에서 사주셨던 한강의 소설 『소년이 온다』(창비, 2014)가 아직도 눈에 생생하다.

그렇게 개그맨으로 탄탄대로를 걷는 듯 보였던 30대 중반의 나는 한순간 청춘을 바쳤던 「개그콘서트」에서 퇴출당하며 일자리를 잃었다. 밥 먹고 개그만 짜던 내게 찾아온 암흑기였다. 나는 할 수 있는 게 없었다. 그저 개그맨으로만 10년 넘게 살았으니 당연한 일이었다. 얼굴이 알려져 하다못해 편의점 아르바이트도 할 수 없었다. 그렇게 6개월이 넘는 시간을 패배감에 은둔형 외톨이처럼 지냈다. 앞으로의 삶을 열심히 고민한 끝에 내린 결론은 30대 중반에 그저 한물간 개그맨으로 남은 생을 살고 싶지는 않다는 것이었다. 그러자 엄청난 호기심이 일기 시작했다. 더 이상 그 어디로도 물러나지 않을 수 있는 무기를 만들어내고 싶었다. 그렇게 내게 자유로운 시간을 선물해 줄 투자의 길을 택했다.

투자를 해보겠다는 막연한 생각으로 나는 연세대학교 경제대학원에 시험을 보고 들어갔다. 그리고 그곳에 들어가고 나서야 알았다. 등록금으로 어마어마한 돈이 깨지고 있다는 것을. 그리고 이쪽 분야는 원론만을 배워서는 안 된다는 것을 말이다. 전 세계적으로 유명한 경제학자 중에 투자로 성공한 사람이 존 메이너드 케인스(John Maynard Keynes)밖에 없다는 사실도 나중에 알았다. 천재 물리학자라고 불렸던 아이작 뉴턴(Isaac Newton)이 투자자금을 모두 잃고 난 뒤에 "천체의 움직임은 계산할 수 있어도 인간의 광기는 계산할 수 없다"라는 유명한 말을 남긴 것도 입학한 후에야 알았다. 이렇듯 대책 없는 입학 또한 어마어마한 실수였다. 그러나 어쩌겠는가. 그때부터는 서점으로 달려가 무식하게 책만 팠다.

그렇게 넘어지고 고꾸라지며 배운 덕에 나는 2017년의 부동산 투자로 엄청난 투자 수익을 챙겼다. 공상에 그치지 않고 일단 행동으로 옮긴 것이다. 내가 처음 투자를 한다고 했을 때 비웃던 사람들도 신경 쓰지 않았다. 나는 마음껏 저질렀고 배운 바를 실천에 옮겼다.

일단 움직이는 것, 마음껏 실수하는 것이 내 인생에서 얼마나 큰 도움이 되는지를 깨달은 시기였다.

그렇게 성공적인 부동산 투자를 마친 나는 또다시 널브러졌다. 이미 시장이 폭등한다는 뉴스가 쏟아지고 있었고, 나는 부동산의 상승장이 주는 든든함과 안도감에 사로잡혀 있었다. 매달 꼬박꼬박 들어올 월세를 기다리며 더 이상 돈 걱정은 안 하고 살게 될 것을 예감하던 중에 한 투자자를 만났다.

그는 부동산 투자로는 인생이 다이내믹해지지 않는다

고 하며 현금의 환급성이 주는 효과를 부동산은 주지 못한다고 말했다. 주식이야말로 인생을 다이내믹하게 바꿔줄 수 있는 투자라고 말이다. 그러나 이때 나는 부동산으로 이미 돈을 번 후였기에 주식까지 해볼 생각은 없었다. 모든 사람이 대개 그렇다. 자신의 기존 방식을 고수하려 한다. 주식으로 돈을 벌었던 사람은 그 방식을, 부동산으로 돈을 벌었던 사람은 이 방식을 고수하기 마련이다.

심지어 그때는 주식이 도박이라는 말도 자주 듣던 시기였다. 주식 투자로 집안을 말아먹었다는 이야기를 귀에 딱지가 앉도록 듣던 때였다. 그러나 내게는 한 번 더 저질러보고 싶은 마음이 자라고 있었다. 그동안의 성공 경험이 있으니 나만의 방식으로 저질러본다면 분명 실수가 성공이 될 수 있으리라는 자신감이 솟았다. 두렵지 않았다. 뒤에서 더 자세히 설명하겠지만 이때의 나는 아마도 '실수 중독'의 선상에 있지 않았을까 싶다. 실수가 두렵지 않은 상태, 계속해서 일을 저지르고 싶은 상태였다. 그렇게 또 한 번 기다린 나는 2020년 3월, 코로나로 인한 엄청난 하락장에 이은 상승장을 만나게 되었다. 물론 이 글에서 일일이 다 열거할 수 없는 엄청난 시행착오도 많았지만, 이 시장에 뛰어든 것은 180도 달라진 내 인생의 포문을 연 사건이었다.

그렇게 두 번의 일생일대의 실수를 저지른 나는 급기야 책을 써야겠다는 결심을 하며 마지막 실수를 저지른다. 나는 18년 차 전업 투자자이자 여러 권의 경제경영 베스트셀러를 낸 김종봉 작가를 만나 이야기를 나누고는 많은 고민에 휩싸였다. 그리고 오랜 고민 끝에 책을 써야겠다고 마음먹고 이 책을 함께 쓴 제갈현열 작가와 만나 한 출판사와 계약을 맺었다. 그때 비로소 알았다. 내가 또다시 큰 실수를 저질렀다는 사실을 말이다. 계약금을 받지 말았어야 했다고 생각했다. 당장이라도 도망치고 싶었다. 계약서는 마치 내 목의 목줄처럼 느껴졌다. 두려웠다. 내가 정말 책을 낼 수 있는 사람인가? "네가 무슨 책이야?", "개그맨이 뭘 안다고 떠들어?" 하는 비난을 듣지는 않을까? 이 결정이 두고두고 내 인생의 오점이 되는 건 아닐까? 남들의 웃음거리가 되지는 않을까? 누가 이 책을 돈 주고 사 보기는 할까?

여러 고민과 걱정이 매일 밤 나를 짓눌렀다. 그러나 결론은 하나

였다. 역시 저질러보기로.

제갈현열 작가는 이 시도로 내 인생에 큰 변화가 찾아올 것이라고 단언했고 나도 한 단계 더 도약할 것이라고 말했다. 책이 세상에 나오기 직전까지도 나는 이 말을 헛소리라고 생각했다. 그리고 책을 내고는 해외로 떠날 계획을 짜고 있었다. 아무래도 도망가고 싶은 마음이었던 것 같다. 그러나 결론적으로 제갈현열 작가의 말은 맞았다. 개그맨으로 흥했던 때보다 많은 수입이 들어왔다. 그동안 노동 수입은 개그로만 얻을 수 있다고 생각했던 내 짧은 생각을 박살 내준 사건이었다. 다른 노동 수입도 충분히 가능하다는 경험을 한 것이다. 그 이후로 나는 더 당당하게 나의 책과 이야기를 사람들에게 알리기 시작했다. 끝까지 실수라고 생각했던 그 일이 지금은 아주 중요한 삶의 일부가 된 것이다.

나는 이 글의 초반부에 어릴 적 내 꿈이 작가였다고 고백했었다. 재밌게도 마흔이 넘어서야 돌고 돌아 20대 초반에 꿈꿨던 작가의 길로 들어선 것이다. 나는 지금의 내 인생이 즐겁다. 20대 때 처음으로 꿈꿨던 작가의 일을 지금에야 실현했기 때문일까?

이렇게 내 인생 가장 큰 실수 세 가지가 내 삶의 물줄기를 완전히 바꿨다. 중요한 건 처음에는 돌이킬 수 없는 실수처럼 느껴졌던 것들이 결국에는 내 인생에서 가장 큰 결실을 맺게 해줬다는 것이다. 내 삶이 풍요로워진 시작점이 바로 이 실수들이다.

나는 이제 남들이 보기에 터무니없는 꿈을 꾸고 실현하기 어려운 일을 시도하는 것이 실수가 아니라는 것을 안다. 아무것도 시도하지 않는 것이 진짜 실수다.

물론 무언가 시도해 볼까 하는 생각이 들 때면 남들 눈부터 생각하게 될 것이다. 사람들이 비웃지 않을까? 하다가 망하지 않을까? 욕먹지 않을까? 많이 두려울 것이다. 그러나 해보면 안다. 별거 없다는 것을 말이다. 중요한 것은 언제나 나 자신이다.

나는 그렇게 시도하고 실수하는 내가 자랑스럽다. 내 인생이 정말 즐겁다. 더 이상 방송 일에 얽매이지 않게 되었고 지구 반대편에서도 여행을 즐기며 하고 싶은 일을 한다. 시간에 구애받지 않으며 육아도 하고 있다. 아이가 자라는 모습을 온전히 두 눈에 담을 수 있고, 아이와 가고 싶은 곳이라면 언제든 떠난다. 물론 그래서 내 실수도 여기서 멈추지는 않을 것이다. 이 글을 쓰고 있는 지금도 나는 여전히 꿈을 꾼다.

앞으로도 엄청난 실수들이 내 인생에 가득할 예정이다. 그러나 두렵지는 않다. 실수 뒤에 찾아오는 값진 성취와 행복을 이미 잘 알고 있기 때문이다.

그냥 해보기로
마음먹는 사람

지금이야 내가 말 잘하는 개그맨으로 알려져 있지만 방송 데뷔 전의 나는 사람들 앞에만 서면 어쩔 줄을 몰라 말을 심하게 버벅거렸다. 대학로 공연을 통해 무대에 처음 섰을 때는 너무 떨려 바지가 펄럭이는 게 눈에 보일 정도였다. 그땐 정말 무대에서 오줌을 지릴 뻔할 정도로 긴장했었다.

함께 공채 개그맨 시험을 준비했던 개그맨 김대범은 보다 못해 나에게 담력을 기르라며 지하철에서 처음 보는 사람들에게 인사해 볼 것을 권했다. 아니, 강요했다.

이제 와 하는 말이지만 그땐 그 인간이 정말 미친놈인 줄 알았다. 낯선 사람에게 느닷없이 자기소개를 하라니. 그 것도 지하철에서 하라니 말이다. 생전 처음 보는 사람에 게 먼저 말을 걸어본 적도 없는 나에게 지하철에서 자기 소개를 하는 일은 정말 있을 수도, 있어서도 안 되는 일이 었다. 당연히 입이 떨어질 리 없었고 달달달 떨다가 "안 녕하세요!"라는 비명만 내지른 채 다음 정거장의 출입문 이 열리자마자 뛰쳐나오길 반복했다. 그런 내가 개그맨이 되겠다고 마음먹었다는 것 자체가 코미디였다. 애초에 내 가 이 직업을 선택한 것부터가 잘못인가 하는 생각을 했 었다.

이렇게 지하철에서 인사를 돌던 당시에는 '내가 왜 이 런 짓을 하고 있지?'라는 생각을 정말 매일 밤 했고, 매 일 아침 달라진 것 없는 현실에 후회했다. 그냥 집에 누워 나 있으면 편할 것을 말이다. 아무것도 안 하고 방구석에 앉아 있으면 이런 고통은 안 겪어도 되니 말이다. 하루에 도 수십 번씩 이 짓을 때려치울까 고민했고, 이런 짓을 끈 질기게 시키는 김대범의 얼굴을 주먹으로 세게 내려치고 싶었던 적도 한두 번이 아니다.

그렇지만 도망치고 싶은 마음만큼이나 변하고 싶다는 열망 역시 컸다. 그때 나는 매일 아침 나 자신과 싸웠다. 이런 바보 같은 일을 당장이라도 때려치우라고 외치는 나와, 이대로 패배자처럼 도망칠 수 없다고, 끝까지 한번 해보라는 내가 말이다. 다행히 후자의 힘이 조금 더 셌던 덕에 여기까지 올 수 있었다. 후자가 부끄러움 많고 낯가리는 전자를 이기고 나서 나는 스스로를 세뇌했다.

낯선 사람에게 다가가 느닷없이 자기소개를 하는 것이 큰 죄는 아니지 않은가 하는 자기 세뇌를 시작한 것이다. 이왕 사는 인생 별 볼 일 없이 살지 말고 뭐라도 해보자는 마음으로 이런 부끄러운 일들도 저질러보기로 마음먹었다. '그래, 부끄러워해 보자! 창피해 보자! 실수해 보자!'라는 생각으로 말이다. 개그맨으로서 나의 첫걸음을 만든 것은 평소의 나라면 절대 하지 않았을 이런 행동들이었다.

더욱이 그 행동들은 어디까지나 내 '의지'로 시작한 것이었다. 갑자기 사고처럼 벌어진 일이 아니라 내가 벌인 일이었다.

당연히 쉽지는 않았다. 몇 번이고 이런 짓을 시킨 작자를 탓하고 싶었다. 그런데 웃긴 게 그러면서 나는 또 시키는 대로 하고 있었다. 해내고 싶은 마음이 내 안에도 있었던 것이다. 시간이 지나 웃으며 회상할 수 있지만, 당시에는 정말 죽기보다 창피하고 힘든 시간이었다. 나 자신을 바꾸는 일이니 그랬을 것이다.

MBTI가 INTJ인 나에게, 그것도 극한의 대문자 I인 나에게 쉬운 일은 아니었지만 그럼에도 불구하고 나답지 않게 저질렀다. 그만큼 절박했기 때문이었을 거다. 이 정도 일은 아무것도 아니라는 생각으로 덤벼들었다. 20대 초반의 내가 어떻게 그런 용기를 낼 수 있었는지는 아직도 미스터리다. 그러나 그때의 감정만큼은 여전히 생생히 남아 있다.

별 볼 일 없는 대학을 졸업하고 난 후에는 공무원 시험을 준비하든지 기술을 배우든지 둘 중 하나를 선택하라는 아버지의 말이 너무나도 듣기 싫었다. 사람들에게도 그만 무시당하고 싶었다. 그렇게 별 볼 일 없는 아무것도 아닌 나로 사는 것이 사실 가장 창피한 일임을 나는 알고 있었다.

나도 멋지게 살고 싶었다. 무대 위에 오르고 싶고 사람들의 관심을 받고 싶었다. 그러기 위해서는 용기를 내야 했다. 특출나지 않은 외모와 학벌로 아무것도 시도하지 않는다면 정말 특출난 것 없는 인생을 살아야 할 것 같았다. 그때부터 창피해 보자고, 사람들에게 손가락질받아 보자고, 실수해 보자고 마음을 완전히 고쳐먹었다.

시도는 의지로부터 시작되고, 의지는 절박함에서 나온다.

만약 내 이야기를 듣고도 '나는 그런 의지가 없다'라고 생각하는 사람이 있다면 냉정하게 말해서 아직 덜 절박한 거다. 이 절박함은 누구도 대신 가져다줄 수 없다. 스스로 느껴야 한다. 스무 살의 내가 그랬던 것처럼 성공한 모든 이들의 시작이 그랬던 것처럼 말이다.

그렇게 마음껏 저질러보고 실수해 보기로 마음먹은 후 3개월이 지나자 놀랍게도 낯선 사람들에게 말 거는 일이 점점 아무것도 아닌 일이 됐다. 장족의 발전에 기뻐할 새도 없이 이번에는 김대범이 나에게 밀가루가 담긴 비닐

봉지를 주더니 이걸 생판 모르는 사람들에게 신비한 약효가 있는 가루로 속여 팔아보라는 것이 아닌가. 그때 나는 진심으로 이놈이 미친놈인가 싶었지만, 이것도 결국에는 해냈다. 나도 미친놈이 되어보기로 한 것이다.

지하철에서 모르는 사람에게 자기소개하는 것과 지하철에서 모르는 사람에게 밀가루를 신비한 약효가 있는 가루로 속여 파는 것 중 더 쉬운 것은 무엇일까? 놀랍게도 나에게는 후자였다. 아마 이 과정을 당신이 겪는대도 마찬가지일 것이다. 후자가 압도적으로 쉽다. 이미 전자를 통해 가장 핵심 기술을 배웠기 때문이다. 낯선 사람한테 말 거는 법 말이다.

물론 망설임은 있었다. 이 미친 짓을 하기로 마음먹기까지가 가장 어려웠다. 그러나 그냥 미쳐보기로 했다. 그런 시간이 모여 어느 순간부터는 지하철 안에서 사람들에게 말을 건네는 일쯤은 아무것도 아닌 게 되었다. 나는 어느새 자유자재로 말하기 시작했고 농담을 던지기도 했다. 사람들은 빵빵 터졌고 지하철은 나만의 작은 무대가 됐다. 사람들이 웃어주니 행복했다. 다음카페에 팬 카페도 생겼다. 내가 재미있다고, 웃기다고 말해주는 사람들이 생긴 것이다.

그렇게 몇 달 동안 길거리에서 소리도 질러보고 혜화역 4번 출구 앞에서는 애국가도 불러보았다. 아직도 날 쳐다보던 사람들의 눈빛이 기억에 생생하다. 시간이 지나자 더 나아가 보고 싶다는 생각이 들었다. 마로니에공원에서 '오장육부'라는 개그팀을 만들어 길거리 개그 공연도 하게 되었다. 그 모습을 보고 대학로 한 극단에서 스카우트 제의도 왔었다. 소극장이지만 이제 드디어 진짜 무대에 서게 된 것이다. 그렇게 절박함과 의지로 내질렀던 수많은 실수로 나는 비로소 개그맨이 될 수 있었다.

그해 2004년, KBS 19기 공채 개그맨 시험에서 김대범은 대상을, 나는 금상을 탔다. 전국에서 웃기기로는 난다 긴다 하는 사람들 중에서 1등과 2등을 한 것이다. 힘들게 준비했던 서울시 지방직 시험, 검찰사무직 시험, 경찰 공무원 시험은 세 번 다 떨어졌지만 놀랍게도 개그맨 시험은 한 번에 붙은 것이다. 황금 기수라 불리는 유세윤, 장동민, 안영미, 강유미 등 KBS 19기 사이에서 말이다. 사람들에게 말 한마디도 못 건네던 내가 말이다. 무려 20년 전의 일이다.

일기장에나 쓸 법한 이야기를 이렇듯 책에 꺼내어 놓은 이유는 단순하다. 되더라. 뭐든 해보니 되더라는 말을 하고 싶었다. 뭐 하나 특출날 것 없는 내가, 학교 다닐 때 그 흔한 반장, 부반장, 과대표, 오락부장 같은 건 한 번도 해보지 못했고, 연예인이 꿈이라면 수학여행 때 한 번씩은 나가봤을 장기자랑에도 부끄러워 단 한 번도 나가보지 못했던 내가 개그맨이 되더란 말이다.

만약 내가 지하철에서 자기소개 하는 것이 너무 창피하고 부끄러워 안 하겠다고 마음먹고 집에 와 누워버렸다면? 김대범의 얼굴을 주먹으로 한 대 치고 다시는 연락하지 말라고 했다면? 나는 과연 지금 어디서 무엇을 하고 있었을까?

모든 면에서 대한민국 평균 이하인 내가 지금처럼 많은 사람이 알아봐 주는 개그맨으로 사랑받고 인정받을 수 있었을까? 연예대상에서 상까지 받으며 투자자로서도 성공할 수 있었을까? 책을 쓰며 '작가님'이라는 소리를 듣고 강의를 할 수 있었을까? 연애라도 제대로 해볼 수 있었을까? 결혼은 할 수 있었을까? 내가 정말 그럴 수 있었을까?

이 모든 것을 가능하게 만들었던 것은 눈 딱 감고 시도하는 마음가짐이었다. 그 미친 짓으로 땀이 삐질삐질 흐르는 수많은 순간을 경험했기 때문이다. 그리고 근본적으로 내게 그 실수들을 받아들일 만큼 절박한 의지가 있었기 때문이다.

가끔 강의를 갈 때마다 나는 내 책 두 권을 챙긴다. 청중에게 나눠 주려는 생각으로 말이다. 그러고는 강의를 시작하기 전에 항상 먼저 묻는다. 오늘 특별한 날이거나 멀리서 오신 분 있느냐고 말이다. 손을 들고 말하는 사람에게 정성스럽게 사인한 책을 선물로 준다. 돈을 주고 사려면 생돈 1만 6000원을 들여야 하는 책이다. 사실 나는 그 사람에게 오늘 어떤 특별한 일이 있는지 그 사람이 어디서 왔는지 별로 궁금하지 않다. 그러나 그 사람이 "저 오늘 생일이에요"라고 거짓말을 하거나 "이라크에서 왔어요"라고 농담을 해도 나는 책을 줄 것이다. 그게 사실인지는 확인할 방법도 없고 확인하고 싶지도 않다.

내가 책을 주는 이유는 단 하나다. 그가 손을 들었기 때문이다. 뭔가를 위해 기꺼이 움직였기 때문이다. 그게 다다. 그 행동만으로 그 사람은 하루에 1만 6000원을 벌었다. 오늘은 겨우 1만 6000원일지 모르지만 언젠가 그 돈이 16만 원, 160만 원, 1600만 원이 될 수도 있다.

그런데도 이 질문을 했을 때 대부분이 손을 들지 않는다. 그들에게 왜 손을 들지 않았는지 물었다. 이유야 많았다. 손을 드는 것 자체가 부끄러워서, 손을 들면 사람들이 날 쳐다볼 것 같아서, 나의 답변에 사람들이 비웃을까 봐, 내가 말한 날이 특별한 날이 아닐까 봐, 손을 들고 많은 사람 앞에서 말하는 게 부끄러워서, 오늘 화장을 안 해서, 다른 사람이 나보다 더 멀리서 왔을까 봐.

이렇게 손 한 번 드는 일도 우리는 망설인다.

실수하지 않으려고 노력하는 사이에 시행착오를 겪어야 도달할 수 있는 지점은 점점 멀어진다. 그렇게 포기하는 것이 오늘은 비록 책 한 권일지 몰라도 내일은 내 인생의 한 편일지도 모른다. 지금이라도 당장 시도해 보려는 의지를 가져라. 실수는 반드시 해봐야 하는 일이다.

시도해 보고 실수해 보는 일에 수동적이어서는 안 된다. 내 삶을 바꾸기 위해서는 능동적으로 움직여야 한다.

그래도 정 어렵거든 사람들이 생각보다 타인에게 그다지 관심이 없다는 사실을 상기해 보자. 세상이 당신에게, 그리고 당신의 사사로운 실수들에 크게 관심이 없다는 사실을 먼저 알아차려야 한다. 당신만 심각하게 생각하고 있을지도 모른다. 당신만 걱정하고 있을지도 모른다. 이제 잡다한 생각에서 벗어나 오직 당신을 위해, 그리고 당신에게 일어날 엄청난 변화를 위해 마음을 다잡아보자.

싸워야 할
두 가지 두려움

앞서 말한 것처럼 성공으로 향하는 길목에서의 시행착오는 의지로 시작된다. 그런데 의지 좀 다지려고 하면 늘 그 의지를 꺾어버리는 놈이 등장한다. 바로 '두려움'이다. 마음껏 실수하기 위해서는 이 두려움이라는 놈과 마주해야 한다. 그리고 이놈을 죽일 수 있을 때 우리는 완벽히 자유로워진다. 두려움은 크게 두 종류다. 스스로 만들어내는 두려움과 주변에서 만들어내는 두려움. 우리는 이 둘을 모두 상대해야 한다.

원하는 무언가를 위해 움직이다 보면 작은 실패와 값진 경험이 쌓이기 마련이다. 무엇인가를 해내기 위한 어쩔 수 없는 진통의 과정이라 생각하면 편하다. 누구나 처음은 어설프다. 글로 배운 연애가 현실과는 동떨어진 것처럼, 밥 로스(Bob Ross) 선생님이 참 쉽다며 그린 그림을 따라 해봐도 절대 쉽지 않은 것처럼 말이다. 그 어설픔 속에서 벌어지는 여러 가지 시행착오를 몸소 느끼고 다음부터는 이런 실수를 저지르지 않겠다고 다짐하는 과정이 필요하다.

일단 실수를 하려면 시작을 해야 하는데, 놀랍게도 대부분이 이 단계에서부터 포기하고 떠난다. 시작도 안 해본다는 말이다. 이유는 단순하다. 실수 자체를 두려워하기 때문이다. 우리는 대체로 상황이 망가지는 것 자체를 두려워한다. 그것이 자신을 낭떠러지로 끌어 내릴까 두려워한다. 이것이 바로 스스로 만들어낸 두려움이다. 이 두려움과 먼저 맞서 싸워야 한다. 내가 이 두려움에 맞섰던 방법은 간단하다. 어떤 일이든 시작하기 전에 마법의 주문 하나를 머릿속으로 되뇌는 것이다.

'처음 해보는 일이니까 잘 안되는 게 당연해!'

처음 해보는 일인데 어떻게 처음부터 잘될 것이라고 기대하는 걸까? 이런 터무니없는 기대 때문에 두려운 것이다. 처음부터 잘되는 게 오히려 이상한 일이다. 운전을 한 번도 해본 적이 없는데 처음부터 택시 기사처럼 운전하겠다는 생각이 오만 아닌가? 연애를 한 번도 안 해본 사람이 처음부터 멜로드라마 남자 주인공이 되길 바라는 것이 망상 아닌가? 「귀멸의 칼날」이라는 유명 애니메이션에 나오는 주인공 카마도 탄지로에게 처음부터 악당인 무잔을 한 방에 쓰러뜨릴 만한 능력이 있었다면 이야기는 이어지지 않았을 것이다. 그랬다면 누가 그 애니메이션을 보았을까 싶다.

좋은 결과를 기대하고 시작하는 짓을 이제 그만두라는 이야기다. 실수할지도 모를 상황에 용기 있게 자신을 내던진 것 자체를 자랑스럽게 생각해야 한다. 자랑스럽게 생각하지 못하더라도 그 행동 자체가 결과와는 상관없이 나를 위한 길임을 굳게 믿어야 한다. 그렇지 않은가. 뭔가 해봐야 실패를 하든 성공을 하든 할 것이고 저질러본 실수를 통해 나한테 이 일이 맞는지 안 맞는지를 알게 될 것 아닌가. 그것만으로도 이 일을 저지를 만한 가치는 충분하다. 두려워할 것이 하나도 없다.

두 번째로 싸워야 하는 두려움은 주변에서 만들어낸 두려움이다. 우리 사회는 정말 이상하게도 실수 자체를 부끄러운 일, 하지 말아야 할 일이라고만 가르친다. 그리고 단 한 번도 실수하지 않는 사람이 현명하고 우수한 사람이라는 말도 안 되는 논리를 주입해 왔다. 이런 가르침은 아주 어렸을 적 학교에서부터 이미 시작되었다.

학교에서 수학 선생님이 "자, 이 문제 풀어볼 사람!"이라고 물어볼 때마다 우리는 어땠던가? 선생님과 눈 마주치지 않으려고 눈부터 바닥에 깔기 바빴을 것이다. 문제를 틀리는 것 따위야 아무것도 아닌데 말이다. 오히려 틀린 문제는 더 오래오래 기억할 수 있을 텐데 말이다. 왜 그랬을까? 틀리면 친구들이 놀리거나 선생님이 혼냈기 때문이다. 그러니 우리는 당연히도 틀리지 않으려고 애쓰거나 틀릴 게 뻔하다면 지목당하지 않으려 눈을 내리깔게 됐던 거다.

결국 아무도 손을 들지 않으면 억지로 시키기 위해 오늘이 12일이면 12번부터 22번, 32번, 42번까지. 더하면 그 앞자리, 다음엔 그 옆자리, 결국에는 대각선 자리까지 불러냈다. 당연하게도 학교는 우리에게 수학 문제를 한 번에 맞히는 게 맞는 방법이라고 가르쳤다. 학교에서조차 실수하는 법을 배우지 못한다면 우리는 도대체 어디서 실수하는 법을 배워야 했을까?

학교에서 주입받은 이 잘못된 인식이 여전히 우리를 괴롭힌다. 24시간 우리를 감시하고 있다. 이것이 주변에서 만들어낸 두려움이다. 이 두려움도 극복해야 한다. 어렸을 적이야 선생님에게 대드는 법을 몰랐으니 혼나면 그저 혼나는 대로 받아들여야 했고, 잘못이라고 말하면 그저 잘못이구나 생각해야 했지만 지금은 아니다. 지금은 당당히 "거, 사람이 실수할 수도 있지!"라며 당당해져야 한다. 내 삶에서 나를 망칠 수 있는 것도, 나를 성공시킬 수 있는 것도 오직 나뿐이다. 주변의 말과 시선에는 아무 힘이 없다는 것을 하루빨리 깨달아야 한다.

그걸 깨닫지 못하는 순간 주변에서 만들어낸 두려움에 지고 만다. 얼어버린 채 아무런 시도도 하지 못하게 되는 것이다. 초등학교 시절로 돌아가 제발 내 번호만은 부르지 말아 달라며, 제발 오늘 날짜가 내 번호와는 아무 연관도 없었으면 하고 기도하게 되는 것이다.

물론 선생님과 눈을 마주치지 않아 그 시간을 무사히 넘길 수는 있다. 그러나 그렇게 되면 나는 앞으로도 영영 그 문제를 풀 수 없을 것이다. 그 문제를 다시 쳐다보고 풀어봐야 할 이유가 없어졌기 때문이다. 이미 피했으니까, 무서우니까, 그걸 다시 직시할 용기는 결코 생기지 않을 것이다. 이렇게 계속해서 두려움에 지면 피하는 방법만 배우게 된다. 그러나 깊은 산속에 홀로 오두막을 짓고 살아갈 것이 아니라면 모든 상황을 피할 수 있는 방법이란 존재하지 않는다. 오늘 하루만 무사히 넘기자, 이번 한 번만 피해보자는 마음으로 오늘을 사는 사람에게 장밋빛 미래는 없다.

피하는 법만 배운 사람은 절대로 부딪치는 법을 알지 못한다.

두려움을 이기지 못한 상황 중 최악은 무엇일까? 바로 남의 실수를 존중하지 못하고 지적만 하는 존재가 되는 것이다. 어렸을 적 어른들이 우리에게 실수하지 말라고 가르쳤던 이유는 무엇일까? 그 역시도 자신이 어렸을 때 그렇게 배웠고 그래서 실수하는 것에 대한 두려움에 졌기 때문일 것이다. 만약 지금 당신이 두려움으로부터 도망만 치고 있다면, 그래서 어떤 실수도 저지르지 않기 위해 노력하는 인생만 산다면, 당신의 미래도 뻔하다. 바로 지금 당신의 실수를 윽박지르는 누군가의 모습이 바로 당신의 모습이 될 것이다. 자신이 그렇게 살아왔기에 나 자신의 삶에 정당성을 부여하려면 다른 사람도 실수하지 않으려 그저 도망만 다녀야 하기 때문이다. 결국에는 아무것도 시도하지 않고 실수하지 않으려 애썼던 사람들이 끊임없이 시도하고 노력하며 위험을 감수한 사람들을 손가락질하게 되는 아이러니한 상황이 벌어진다. "그게 되겠어?", "네가 그걸 한다고?", "너 많이 변했다!" 하는 말을 뱉는 사람이 되는 것이다. 내가 시도해 보지 못했다고 시도하고 부딪쳐 보는 사람들을 비난하는 삶이라니. 너무 비참하다.

당신은 어떤 사람이 되고 싶은지 궁금하다. 아무것도

해보지 않고서 뒤에서 손가락질하는 사람? 아니면 끊임없이 시도하고 부딪쳐 보는 사람? 당연히 후자일 것이다. 그렇다면 두려움과 싸워 이기는 것이 먼저다. 당신 스스로 만들어낸 두려움과 주변에서 만들어낸 두려움 모두와 말이다.

나는 오늘도
비웃음에 희열한다

권력을 손에 쥐려는 정치인들의 이야기를 그린 드라마 「돌풍」에는 이런 대사가 나온다.

"두려움은 마주하면 그뿐이다."

두려움을 극복하는 가장 좋은 방법은 그 두려움을 정면으로 마주하는 것이다. 두려움을 피할 때는 온갖 상상으로 두려움이 커지지만 마주하게 되면 비로소 그 실체가 보인다. 그리고 실체를 마주한 순간 두려워했던 그것이 사실은 별것 아니라는 사실을 깨닫는다.

우리의 건강한 시행착오를 막는 두려움도 막상 마주해 보면 별것 아니다. 내가 만든 두려움은 사실 누구나가 겪는 일이고, 주변에서 만들어내는 두려움은 그저 참견하기 좋아하는 사람들의 부러움 섞인 비웃음이다. 그렇다면 누군가 당신의 시행착오를 비웃는 것은 과연 두려워할 만한 일일까? 전혀 그렇지 않다. 나는 오히려 좋은 신호라고 생각한다. 타인의 비웃음은 실은 엄청난 증거다. 내가 제대로 살고 있으며 성공을 향해 나아가고 있다는 증거 말이다.

많은 사람이 욕먹을까 봐 두려워한다. 내가 하는 일이 비웃음당할까 두려워한다. 그런데 욕을 안 먹는 인생이 가능하기나 할까? 욕은 당연히 먹는 것이다. 우리가 왜 당연한 일을 걱정하는지부터 생각해 보자. 우리가 가장 가까운 사이라고 생각하는 부모도 가끔 자식이 미울 때가 있다. 그들도 자식 욕을 한다. "이놈의 자식 이거 옷 벗어놓고 간 꼬라지 좀 봐라!", "자식새끼 키워봐야 아무 소용 없다니까!" 자식이라고 다를까? 마찬가지다. 부부끼리는 어떨까? 마찬가지다. 물론 내 아내도 그럴 것이다. 가족도 이 정도인데, 남은 어떨까?

중요한 건 모두가 나를 좋아할 수는 없다는 것이다.

이것부터 인정해야 한다. 이걸 받아들여야 한다. 누군가 내 욕을 하고 나를 비웃는다면 그것은 내가 멈추어야 할 이유가 아니라 지금 이 일을 계속해야 하는 증거라고 생각하고 마음을 다잡아야 한다. 누가 뒤에서 내 욕을 할까 봐 전전긍긍한다면 아무것도 이룰 수 없다.

나 역시 마찬가지였다. 개그맨이 되고 싶다는 내 말에 친구들은 모두 나를 비웃었고, 「황현희 피디의 소비자 고발」이라는 프로그램의 녹화를 앞두고 있을 때 한 선배는 나에게 "이게 정말 웃기다고 생각하나?"라는 말도 대놓고 했었다. 내가 투자자로 전향할 때도 친구들은 내게 "네가 무슨 투자를 해? 너 그러다가 그나마 가지고 있는 것도 다 날린다!"라며 조언했다. 내가 부동산을 세 채 구매했을 때 엄마는 나에게 "너 제정신이니?"라는 말까지 했었다. 요즘에는 어떨까? 이제는 내가 원래부터 금수저였다는 이야기가 나돈다. 그저 웃다. 내 앞에서도 이 정도인데 내 뒤에서는 과연 어떤 말들이 오가고 있을까? 그 말들을 다 듣고 일일이 반응했다면 아마도 난 정신병에 걸렸을 것이다.

대한민국에서 스펙이라면 뭐 하나 아쉬울 것 없는 정치인들을 생각해 보자. 정말이지 유권자의 절반이 그들의 적이다. 특별한 경우를 제외하고는 유권자의 50퍼센트가 그들을 무조건 싫어한다고 봐도 된다. 아무 이유 없이 엄청난 비난과 유언비어, 악플에 시달리는 경우도 허다하다. 당연하다. 그들도 역시 욕먹을 용기를 낸 것이니 말이다. 대한민국 국민의 손으로 직접 뽑은 대통령마저도 지지율이 50퍼센트가 안 된다. 임기 중후반에 지지율 50퍼센트를 넘어서는 대통령이 있다면 그는 엄청난 존경을 받을 것이다. 임기 시작과 함께 국민의 반이 그를 절대적으로 싫어한다. 나라를 대표하는 대통령마저도 말이다. 그가 누구든, 어느 진영이든, 어떤 정치색을 가졌든 마찬가지다.

재벌은 또 어떤가. 돈이 많다는 이유만으로 싫어하는 사람들이 있다. 연예인은? 인기가 많다는 이유로 싫어하는 사람들이 있다. 이들 중 누구 하나 작은 실수라도 하는 날에는 네이버 기사의 댓글 창이 난리가 난다.

그런데 당신이 뭐라고 욕먹지 않기를 바란다는 말인가. 절대로 모두에게 사랑받을 수는 없다. 변하지 않는 진리다. 나를 싫어하는 사람은 무조건 있다. 신의 존재를 믿는 종교에서도 그렇다. 한쪽에서는 진리라고 생각하는 것을 다른 쪽에서는 배척한다. 하물며 인간관계에서도 나를 알고 있는 사람 중 반만 나를 좋아해 준다면 대성공인 인생이다. 반이 뭔가, 내 사람 다섯 명만 얻어도 그 인생은 성공이다. 가장 쓸데없는 짓거리가 연예인 결혼식에 하객이 얼마나 왔는지를 따지는 것이다. 이제는 거의 없어진 단어이긴 하지만 '연예계의 마당발'이 어쩌고저쩌고하는 말들은 정말 아무 의미가 없다. 그리고 이 판에 있어봤던 사람으로서 이야기하는 것이지만 망하면 다 돌아선다. 인기가 없어지면 마당발이고 뭐고 다 없던 일이 된다.

특히 연예인 중에는 방송 일을 하면서 마치 뷔페에 온 것처럼 자기가 좋아하는 일만 하려는 사람들이 있다. 이쪽 일을 시작했으면 대중의 평가를 받는 것은 당연하다. 본인이 대중에게 알려지는 일을 선택해 놓고 "욕은 하지 말아 주세요"라고 말하는 것은 말도 안 되는 일이다. 평가를 받아야 하는 일의 최전선에 있는 것이 바로 연예인이다. 잘생겼고 못생겼고, 예쁘고 안 예쁘고, 노래가 좋고안 좋고, 연기를 잘하고 못하고, 웃기고 안 웃기고, 세상에서 제일 평가하기 쉬운 것들이다. 그런 직업을 택했으면서 욕은 먹고 싶지 않다는 건 앞뒤가 맞지 않는다. 악플이 싫다면 이 일을 그만둬야 한다. 평가를 받아야 마땅한직업이니까. 대신 성공하면 엄청난 돈을 벌 수 있지 않은가. 높은 위치까지 올라가기 힘든 만큼 그에 따른 보상도확실한 직업이다. 그러니 욕먹는다고 툴툴댈 게 아니라멘털의 내공을 기르는 게 우선이다. 물론, 모든 악플이 마땅하다는 말은 아니다. 악플에도 전제 조건은 있다. 법이정한 틀 안에서 비판해야 한다. 허위사실을 유포한다거나명예를 훼손하는 일은 당연히 해당 사항이 없으니 그런사람들이 이 글을 읽고 뇌피셜 돌리며 합리화하지는 않기를 바란다.

이렇게 한 나라의 대통령을 포함해 돈 잘 벌고 외모까지 갖춘 정치인과 재벌, 연예인도 예외 없이 욕을 먹는다. 누구나 욕먹는 것을 영영 피할 수는 없다는 뜻이다. 그들모두 욕먹을 각오로 열심히 시도하고 실수한다.

내가 더 유명해지고 더 잘될수록 누군가로부터 욕먹는 순간도 늘어난다.

논리는 아주 단순하다. 아무것도 하지 않는 사람은 다른 사람이 앞으로 나아가려고 하는 모습 자체를 두려워한다. 그들이 그 시도를 통해 잘 풀려서 나와 다른 삶을 살게 될까 봐 말이다. 변화를 시도하고 갖가지 시행착오를 겪으며 달라지는 누군가의 모습을 보면 불안해지기 마련이다. 결국 그런 이들을 내려 앉히기 가장 쉬운 방법으로 비난을 택하는 것이다. 높이 올라간 그들에게 뒤에서 비난을 가해야만 비로소 나와 같은 위치로 끌어내릴 수 있다고 믿는 것이다. 자신은 그 자리까지 올라갈 노력조차 하기 싫으니 그들을 비난하며 내가 있는 곳으로 끌어 내리는 것. 그것이 그들이 시도해 볼 수 있는 유일한 방법이다.

듣기 불편할지도 모르겠으나 가장 일상적인 예를 하나 들어보겠다. 한 여배우가 있다. 작품을 끝내고 1년 만에 방송에 출연한 여배우의 외모가 어딘가 달라졌다. 전보다 예뻐진 그녀를 보며 사람들은 뭐라고 할까?

"했네, 했어."

성형으로 예뻐진 것이라는 뜻이다. 그녀가 외모를 가꾸기 위해 노력한 시간을 사람들이 알아줄 리 없다. 그냥 모든 것을 부정하고 싶은 것이다. 생각해 보면 그녀는 본연의 임무에 충실했을 뿐이다. 연예인이라면 외모가 중요한 것은 당연하다. 작품을 끝내고 시간이 생겼을 때 본인의 외모를 가꾸는 일은 직업상의 의무로도 볼 수 있다. 더나아가 팬들에 대한 노력이기도 하고 본인의 미래를 위한 투자이기도 하다.

그도 분명히 쉬는 기간에는 그저 널브러져 아무것도 하기 싫었을 것이다. 여행이나 다니며 취미 활동을 하고 개인적인 추억을 쌓는 것이 사실 가장 편하고 쉽다. 세상에서 가장 쉬운 일을 놔두고 그는 본인의 외모에 투자한 것이다. 주기적으로 병원에 찾아가 피부 관리를 하고 연예인으로서 콤플렉스라 여기던 외적인 부분을 바꿀 결심을 하고 체중조절을 위해 날마다 러닝머신 위에서 뛰었을 것이다. 그는 자발적으로 엄청난 노력을 한 것이다.

그렇게 피나는 노력을 기울인 사람을 우리는 말 몇 마디로 끌어내린다. 그래야 속이라도 시원하니 말이다. 나는 그 위치로 올라갈 노력을 기울이고 싶지 않으니 말이다. 우리 모두 살 빼는 방법을 안다. 그러나 누구나 살을 빼는 건 아니다.

쉽게 설명하기 위해 연예인을 예로 든 것이지만 이런 부류의 사람은 어디든 존재한다. 어딜 가나 배가 아파 뒤에서 욕하는 사람은 존재하고 내가 잘되는 것을 바라지 않는 사람 역시 존재한다. 비난 총량의 법칙이다. 대놓고 하는 비난이 아니라면 그것은 비난을 숨기는 다른 형태일 것이다. 걱정을 빙자한 비난처럼 말이다. "너 많이 변했다!", "그게 되겠어?"라며 단정 지어 말하는 사람들이 그렇다. 자, 그러니 지금부터는 이렇게 생각해 보자.

만약 지금 이 순간 누군가 뒤에서 내 욕을 하고 있다면 그건 내가 지금 잘되고 있다는 증거라고.

남들의 비난은 당연히 두렵다. 그러나 용기는 두려울 때 비로소 나오기 마련이다. 그러니 그런 때일수록 더 크게 웃어야 한다. 두려움은 아무것도 시도해 보지 않은 채 비난만 하는 그들의 몫이다. 무엇이라도 해보기 위해 움직이는 내가 그들에게 두려움이다. 내가 실수하지 않으려 무엇도 시도하지 않는 것이 오히려 그들에게 웃음을 선물하는 꼴이다.

내가 웃을 수 있어야 한다. 그들에게 두려움을 선물하자. 내가 잘 될까 봐 두려워하는 그들에게 말이다.

욕먹기가 두려워 지금껏 미룬 일이 있다면 남들의 평가는 신경 쓰지 말고 마음껏 시도하자. 그저 욕먹을 각오로 시도하고 잘되어 가고 있다는 기분을 만끽하면 된다.

그래서 나의 실수는 오늘도 현재 진행형이다. 나 역시 인생의 2막이라고 생각한 투자에서 좋은 결과를 얻어 『비겁한 돈』(한빛비즈, 2021)이라는 투자서를 발간하기 전까지 많은 고민을 했다. 과연 이 이야기를 책으로 엮어내는 것이 맞나 하는 고민이 있었다. 그도 그럴 것이 그동안의 유명인들은 "저 망했어요!"라고 말해야 대중의 동정심에 호소해 수익을 창출할 수 있었다. 얼굴이 알려진 한물간 개그맨이 갑자기 투자에 성공해 나타난다? 이런 이야기를 과연 누가 좋아하겠느냔 말이다. 그러나 나는 용기를 냈고 움직였다. 이 책을 내는 것이 또 하나의 오점이 될 수 있다는 것도 알았다. 나를 아니꼽게 보는 사람이 분명히 나타날 것을 알았고 책 출간 후에 내가 인터뷰를 하고 기사가 쏟아져 나오면 네이버 댓글 창이 욕으로 가득 찰 것도 알았다. 그리고 실제로 그러했다. 그러나 수많은 악플을 읽으며 나는 내 예상이 맞았다는 사실에 흐뭇해하며 웃고 있었다. 그 모습을 보고 있던 아내의 얼굴이 아직도 생생하게 떠오른다. 아마 내가 제정신이 아니라고 생각했을 것이다. 그러나 나는 제정신이었고 오히려 어느 때보다 말짱했다. 예상대로 나의 행보가 욕을 먹고 있었으니 나에게는 잘된 일이었다.

나는 책을 내며 성공한 전문 투자자로서의 입지를 더 탄탄하게 다졌고 개그맨으로 한창 잘나갔을 때 벌어들였던 노동 수익보다도 더 높은 수익을 낼 수 있었다. 욕먹는 게 하나도 무섭지 않았다. 내 선택의 결과였다. 출판 수입과 연이어 들어오는 강의 수입, 경제 관련 방송 수입 등 내 인생은 이전보다 더 풍족해졌을 뿐이었다.

책 출간은 어느 정도 위험성을 열어놓은 결정이었다. 그러나 그냥 조용히 살았다면 지나가는 나를 보고 사람들은 그저 한물간 개그맨이라고 생각했을 것이다. 동료들은 요즘 뭐 하냐고 물어보며 묘한 우월감을 느꼈을 것이다. 나는 그래서 나를 알리기로 용기 낸 것이다. 자발적으로 리스크를 감수하고 시도한 것이다. 그리고 예상했던 대로 시원하게 욕을 먹었다. 당연한 결과였고 나는 결론적으로 더 많은 것을 얻었다. 나의 투자 방식을 인정해 주고 따라주는 사람도 많이 생겼으니 말이다.

내가 그렇게 해볼 수 있었던 것은 연예인 생활을 오래 한 덕분이기도 하다. "다 잘될 거야", "넌 언젠간 뜰 거야", "대중이 너를 몰라주는 거야!" 이따위 말을 들을 때가 진짜 위기라는 것을 나는 어느 정도 알고 있었다. 반면에 뒤에서 사람들이 수군거리기 시작하면, 내가 고꾸라지길 기도하면, 내가 하는 모든 일을 깎아내리기 시작하면 그건 내가 지금 잘 가고 있다는 신호다. 그런 세계에서 나는 20년을 버텼다. 그렇기 때문에 본능적으로 알았다. 주변의 비웃음은 무엇보다 내게 잘된 일이라고. 그래서 오히려 두려움을 즐기라고 말하고 싶다. 주변의 비웃음을 받기 위해 노력하라고 말하고 싶다. 그리고 그런 비웃음을 샀을 때 주눅 들지 말고 어깨 펴라고 말하고 싶다. 그

것만으로도 이미 당신은 성공의 레일 위에 올라선 것이니까. 스스로가 남들의 비웃음을 진정으로 즐길 때, 그 비웃음을 진정으로 원할 때, 어떠한 시도든 어떠한 실수든 당신은 거침없이 해나갈 수 있다. 단순히 마음을 고쳐먹으라는 말은 아니다. 그저 진짜 현실을 마주하라는 이야기다.

다시 한번 강조하고 싶다. 두려움은 무엇이든 해보기 위해 움직이는 사람에게는 아무것도 아니라는 것을 말이다.

그 두려움은 아무것도 시도하지 않으면서 누군가를 손가락질하는 사람들의 몫이다. 늘 내가 잘될까 봐 전전긍긍하는 그들 말이다.

'**의지**'로 시작한 일은 실수하더라도 큰 자산으로 자라난다.

그리고 그 의지는 '**절박함**'에서 나온다.

의지를 다졌다면 이제 시작해야 한다.

그러기 위해서는 두 가지 '**두려움**'과 싸워야 한다.

첫째는 '**주변에서 만들어낸 두려움**', 둘째는 '**내가 만들어낸 두려움**'

이다.

"**두려움은 마주하면 그뿐이다.**"

내가 잘될수록, 유명해질수록 사람들에게 욕먹는 순간도 많아진다.

당연하다. 사람들은 자신과 다른 길을 가는 사람들을 두려워하기 때

문이다.

만약 누군가 뒤에서 내 욕을 하고 있다면 그건 내가 잘되고 있다는

증거일 뿐이다.

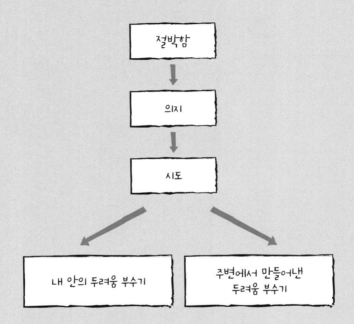

2장

당신의 인생을 바꿔줄
단 하나의 마인드

좌절로 더 단단해지는 마음가짐

궁금한 것 없는 인생에
성공은 없다

성공이라는 거대한 나무를 만들어내는 과정에서 시행착오는 필연적이다. 모든 과정의 시작은 의지로부터 시작된다. 의지야말로 이 나무의 씨앗인 셈이다. 씨앗이 뿌리내리고 거대한 나무가 되기 위해서는 비바람을 이겨내야 한다. 그 비바람의 이름이 바로 두려움과 타인의 비웃음이다. 나는 앞에서 이 비바람을 어떻게 이겨낼 것인가에 관해 이야기했다. 그다음으로 나무가 잘 자라기 위해 필요한 것은 비옥한 땅과 태양이다. 지금까지는 이겨내야 하는 것들을 이야기했다면 지금부터는 필요한 것들을 이야기해 보자. 이 나무를 위해 가장 먼저 필요한 건 바로 '호기심'이다.

원하는 삶을 살기 위해서는 언제나 호기심을 마음속에 지녀야 한다. 누구나 마음속으로 하고 싶은 일이 있을 것이다. 아마도 초등학교 때부터 그런 꿈들에 대한 호기심은 누구에게나 자라나고 있을 것이다. 누구에게는 그것이 직업이 될 수도 있고 누구에게는 본인이 좋아하는 취미 생활이 될 수도 있다. 스스로 질문해 본 적이 있을 것이다. 나는 어떤 사람이 되고 싶고, 무엇을 좋아하는 사람인지 말이다. 무엇을 해야 멋지게 살 수 있을까? 무엇을 해야 돈을 벌 수 있을까? 이런 질문들 말이다. 그렇게 우리는 내가 하고 싶은 일의 모습을 넓게 그리며, 하고 싶은 일을 찾아 나서야 한다.

지금 여행을 떠나고 싶다고 생각해 보자. 어떤 나라에 가고 싶은지, 어떤 숙소에서 묵을지, 어떤 음식을 먹고 무엇을 볼지 아마도 여행을 떠나기 직전까지 계속해서 찾아보고 알아볼 것이다.

그렇게 여행을 떠나서는 어떨까? 완벽하게 여행을 준비했으니 계획대로 아무런 사건 사고 없이 여행을 끝낼 수 있을까? 그렇지 않을 것이다. 당신은 이 여행에서 수 많은 시행착오를 경험할 것이다. 예약한 숙소가 5성급이 아닌 건 알았지만 이 정도까지 지저분할 줄은 몰랐다든가. 스스로가 외로움을 안 타는 사람이라고 생각했지만 혼자 떠난 여행이 몹시 외로웠다든가. 생각보다 밤 비행이 너무 힘들었다든가. 심혈을 기울여 고른 식당 음식이 입맛에 맞지 않았다든가… 일일이 열거하지 못할 정도로 많은 시행착오를 겪게 될 것이다.

그리고 여행지에서 돌아온 당신은 과연 다음 여행에서 어떤 계획을 세울까? 다음 여행에서는 이번의 실수를 반복하지 않겠다고 다짐하지 않을까? 모두 나에게 맞는 만족스러운 여행을 찾기 위한 과정이었던 것이다. 분명히 다음 여행에서는 시행착오의 범위가 줄어들 것이다. 그렇게 언젠가는 내 마음에 쏙 드는 최적의 여행도 찾아낼 것이다. 한두 번의 여행으로는 절대 가능하지 않겠지만 말이다. 이게 바로 시행착오의 힘이다.

이제 생각해 보자. 이 모든 것을 가능하게 만든 시작은 무엇이었을까? 바로 여행에 대한 호기심과 관심이다. '역시 집이 최고'라며 여행을 떠나지 않았다면 이후에도 행복하고 만족스러운 여행은 없었을 것이다.

자, 이제 주제만 바꿔서 생각해 보자. 내가 하고 싶은 일은 무엇일까? 나에 대한 호기심과 관심을 발동시켜 보자. 이제껏 내 인생 1막이었던 개그맨 인생의 시작을 이야기했으니 지금부터는 2막인 투자자로서의 인생이 시작된 이야기를 해보려 한다.

개그맨으로 성공적인 인생의 1막을 보낸 나는 과분한 사랑과 관심을 받았다. 지금 생각해 봐도 얼떨떨한 일의

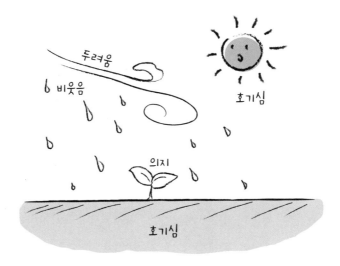

연속이었다. 그리고 2014년, 시원하게 잘렸다. 늘 비슷한 개그의 반복이 식상했기 때문이었다. 내 유행어였던 "조사하면 다 나와", "왜 이래, 아마추어같이", "왜 이러는 걸까요?" 이제 와 말하는 거지만 이 세 유행어의 억양은 똑같다. 유행어 앞에 쌍욕을 넣어보면 입에 더 착 달라붙을 것이다. 실제로 내가 일상에서 자주 썼던 말이니 그럴 수밖에. 엄청난 속도로 변화하는 코미디 판에서 10년을 이렇게 해 먹었으니 식상해질 만도 했다.

실업자가 된 나에게 이제 뭐 해 먹고 살아야 할지가 문제였다. 백 세 시대에 나는 고작 30대였다. 내가 살아온 인생의 두 배를 얼굴이 알려진 한물간 개그맨으로 살기는 싫었다. 더 나은 인생을 위한 호기심이 발동했고 그때의 나는 영원히 사라지지 않는 무엇인가를 얻고 싶었다. 청춘을 바쳐 노력한 이 시장에서 변두리로 나오고 나니 안정된 울타리 밖으로 절대 내쳐지지 않을 무기에 대한 갈망이 커졌다. 노동만으로는 안 된다는 결론도 얻었다. 그저 내 인생을 지탱해 줄 안정적인 무기를 찾고 싶었다.

은둔형 외톨이처럼 6개월간 집 밖으로 나가지 않았다. 끊임없는 고민과 탐구를 통해 진짜 내가 원하는 것을 마침내 찾아냈다. 내가 원한 건 바로 '경제적 자유'였다. 쉽게 말해 돈이었다. 당시 나를 지켜줄 유일한 무기는 그것뿐이라고 생각했다. 투자를 해보기로 마음먹었다. 지난 10년간 열심히 일해 모은 시드머니를 과감히 투자해 돈을 벌어보기로 했다. 돈이 돈을 벌어오는 구조를 만들어 나에게 자유로운 시간을 선물해 주기로 했다. 당장 서점으로 달려가 『부의 추월차선』(토트, 2022), 『부자 아빠 가난한 아빠』(민음인, 2018), 『돈의 속성』(스노우폭스북스, 2020) 등 투자서를 손에 잡히는 대로 읽어 내려갔다. 돈에 대한 개념이 바뀌기 시작했다. 호기심이 발동되자 여러 개념이 사방으로 펼쳐졌다.

그야말로 엄청난 호기심으로 나는 밤새도록 책을 읽고 유튜브로 찾아보며 공부하고 또 공부했다. 중, 고등학교 때 그렇게 공부하라고 했던 부모님께 죄송할 지경이었다. 나도 이렇게나 열심히 공부할 수 있는 사람이라는 걸 처음 알게 되었다. 개그맨으로 한 번의 성공 경험이 있던 나는 이번에도 내공이 필요하다는 것을 알았다. 지하철을 돌며 낯선 사람들에게 인사하던 패기로 원론부터 공부할 곳을 찾았다. 그리고 30대의 나이에 대학원에 진학했다.

그렇게 내 성공의 밑그림이 또렷하게 그려졌다. 계획이 세워졌고 투자의 지도를 그렸다. 다음 시행착오의 시간이 마침내 찾아온 것이다. 내 투자에 대한 더 구체적인 내용은 전작인 『비겁한 돈』에서 아주 자세히 다뤘으니 여기서 따로 열거하지는 않겠다.

호기심을 토대로 내공을 쌓으니 비로소 마음껏 실수할 용기가 생겼고, 목표가 생기자 생활 패턴도 180도 바뀌었다. 나는 투자자에 걸맞은 행동을 하기 시작했다. 누구를 만나야 하고, 어떤 책을 읽어야 하며, 무엇을 먹는 것이 좋고, 뇌를 활성화하기 위해서는 어떤 운동을 해야 하는지까지 생각이 미치고 있었다. 어느 순간부터 나는 성공적인 투자를 위해 달리기를 시작했고, 한바탕 뛰고 나면 뇌가 그만큼 활성화된다는 것도 알아냈다. 마치 영화 「리미트리스」에서 주인공이 알약을 먹었을 때 뇌의 기능이 100퍼센트 발휘되며 인생이 하루아침에 달라졌던 것처럼 말이다.

그래서 투자에 관한 중요한 결정을 내릴 때마다 나는 뛰었다. 뇌에 좋은 마그네슘 약을 찾아 먹고, 좋은 음식을 찾아다녔다. 하루에 한 끼는 투자를 위해 샐러드를 먹기 시작했고, 그렇게 식습관이 바뀌니 어느덧 하루에 5km 이상 숨을 헐떡거리지도 않은 채 뛰고, 자전거를 20km 이상 타는 것은 일도 아니게 되었다. 마라톤 대회에도 출전하게 되었고, 지금은 철인 3종에 도전하기 위해 수영을 배울 계획이다. 여전히 하루에 두 시간은 무조건 운동을 위해 비워놓을 정도다.

술도 마찬가지다. 나는 술을 마시면 종일 머리가 돌아가지 않았다. 한번 취하면 이틀에서 사흘은 그냥 버려버리곤 했다. 그러나 투자를 시작하며 그 좋아하던 술도 웬만한 상황이 아니면 안 마시게 되었다. 정말 술이 마시고 싶은 날이면 집에서 혼자 와인 한 잔, 맥주 한 잔 마시는 것으로 만족했다. 정말 중요한 약속이 아니라면 사적인 모임은 피했다. 이런 만남이 투자에 아무런 도움도 되지 않는다고 판단했기 때문이다. 투자할 때 다른 사람의 말은 중요하지 않다. 투자란 결국에는 내가 선택하고 내가 결정하는 분야다. 술자리나 사적인 모임에서 오가는 말들은 오히려 내 투자에 방해가 되었다. 그렇게 나의 생활은 완전히 바뀌었다.

물론 여전히 나는 시도와 실수, 시행착오와 전쟁 중이다. 매번 망설여지는 투자의 순간이 찾아온다.

이제는 부양가족도 있다. 더욱더 신중할 수밖에 없다. 그러나 워런 버핏(Warren Buffett)이 말한 원칙(첫째, 절대로 잃지 않겠다. 둘째, 첫 번째 원칙을 잘 지키겠다.)을 지키기 위해 계속해서 무엇인가를 습득하는 중이다. 내 호기심은 끝이 없다.

경제적 자유를 위한 내 호기심은 언제나 열려 있다. 하루에 신문 두 개는 무조건 챙겨 보고, 기사는 최소한 1000개를 읽는다. 옥수수와 대두 가격, 구리 가격을 외운다. 요즘은 금리에 온 신경을 곤두세우고 있는 상황이라 연준(미국연방준비제도, FED) 의장인 제롬 파월(Jerome Powell)의 FOMC 회의 이후 발언을 웬만한 스포츠 중계보다도 즐겨 찾아보고 있다. 그와 반대로 투자를 시작하면서 그 좋아하던 팀의 야구 경기를 처음부터 끝까지 보지 않게 되었다. 한 경기를 끝까지 보려면 무려 네 시간 이상을 써야 하니 말이다. 거기에 맥주와 치킨까지 먹어야 하니 그 정도의 정은 주지 않겠노라 다짐했다. 더 이상 선수들의 사인볼도 모으지 않는다. 내가 응원하던 팀은 만년 하위를 기록했기에 경기 후의 스트레스 관리에도 지장을 줬으니 과감하게 접었다.

투자에 대한 나의 호기심만큼이나 투자에서의 실수담도 끝이 없다. 테슬라를 100달러에 잡으려다 놓치고 크게 한탄한 적도 있다. 101.81 달러까지 내리더니 확 튀어 오르다니. 내 실수였다. 그러나 그때의 경험 덕분에 지금은 철저히 분할매수로 접근하고 있다. 부동산도 마찬가지다. 용산구에 분양받았던 아파트와 갭투자로 마련했던 성동구의 아파트는 생각만큼 수익이 되지 못했다. 강남은 이미 많이 올랐으니 이 둘이 더 오를 것이라는 판단을 했지만, 아니었다. 압구정동에 똑똑한 한 채를 마련하는 것이 더 좋은 선택이었다. 원 달러 환율이 1300원 초반일 때 가지고 있던 돈을 모두 원화로 환전했지만, 그 이후 환율이 1400원대까지 오르는 것을 보고 실수를 인정하기도 했다. 주식 관련 방송을 하면서는 전문가가 말했던 종목을 사보고 역시 남의 말 한마디에 투자를 결심하는 건 너무나도 위험한 선택임을 깨달았다. 이후로는 두 번 다시 무슨 주식이 좋다더라 하는 말이나 사람을 믿지 않는다. 지금도 나는 여전히 매일매일 실수를 저지르고 다음에는 그러지 말아야겠다는 다짐을 한다. 그 결과, 나는 지금 아무런 노동을 하지 않으면서 개그맨 시절의 월수입을 벌고 있다.

이것이 나만의 호기심을 발동시켜 나 스스로에게 질문하고 마음껏 실수해 보라는 이유다.

인간관계도 완전히 달라졌다. 아무리 저명한 인사들을 만나 술을 마셔도 결국 내 투자에 아무런 도움이 되지 않는다는 것을 깨달았기 때문이다. 모든 건 나 스스로 해내야 한다. 내가 이후에 또 어떤 삶을 꿈꿀지는 모르겠지만 경제적 자유라는 목적을 위한 투자 안에서는 그랬다.

결국 내가 어느 정도 자리까지 오른 뒤에야 사람들의 도움을 받을 수 있다는 것도 알았다. 아무것도 아닌 내게는 아무도 도움을 주지 않는다. 먼저 도움을 받을 만한 위치로 올라가야 했기에 나 자신에 집중하기로 했다.

나는 이때부터 인맥의 허상을 좇지 않았다. 남의 도움

을 받을 생각을 아예 하지 않았다. 한때 술을 진탕 마시고 여러 번 놀아봤으니 더 이상 그런 실수를 저지르지 말아야겠다는 다짐도 할 수 있었다. 그때 그래보지 않았다면 지금도 나는 어디에선가 PD 한 명 앉혀놓고 술을 진탕 마시면서 도와달라고, 나 좀 써달라고 개소리를 나불대고 있을지도 모르겠다.

나만큼 내 걱정을 많이 하는 사람은 세상에 없다는 진리도 그때 깨달았다. 그래서 누군가에게 특별히 잘 보이려고 애쓰지도 않는다. 남에게 아쉬운 소리 하지 않으려고 열심히 사는 것이니 말이다. 이제는 방송을 안 해도 아쉽지 않다. 내 호기심은 이제 그곳에 없다. 물론 또 다른 목표가 생긴다면 나는 기꺼이 다른 실수를 경험하러 다시 떠날 것이다.

진정성 있는 호기심이 발동되어야만 제대로 저질러보며 제대로 된 길을 찾을 수 있다. 길을 찾아 헤매야 한다. 수십 가지의 길을 찾아 헤매는 시간을 절대 낭비라고 생각하지 않았으면 좋겠다. 그건 낭비가 아니라 올바로 가기 위한 시행착오일 뿐이다. 낭비가 아니라 진리를 깨닫는 과정일 뿐이다. 호기심으로 내 삶을 입체적으로 파악하고 있을 때 어느새 그 길과 맞닿게 된다.

나에게 벌어진 모든 일은 내가 한물간 개그맨으로 남고 싶지 않다고 마음먹었기 때문에 일어났지만, 투자에 관한 진짜 호기심이 없었다면 일어나지 않았을 것이다.

결국은 나만의 호기심과 관심이 가장 중요하다. 이것이 도전에 임하는 태도의 시작이다. 이 호기심은 나에 대한 호기심이어야 하고 나에 대한 질문으로 이어져야 한다. 그 중심에는 언제나 내가 있어야 하고 아무도 그 호기심을 대신 충족시켜 주지는 못한다. 내 질문에는 내가 답해야 한다. 남들이 "이거 한번 해봐, 너 잘할 것 같아"라는 식으로 던지는 이야기들은 그냥 참고만 하면 된다. 그들은 나만큼 나에 대해 고민하지 않고, 나를 걱정하지 않는다.

쇼펜하우어를 죽이고
망상에 빠져라

        이 장의 제목과는 모순되지만 나는 쇼펜하우어를 좋아한다. 내 글을 읽거나 방송에서의 스타일을 보고 이미 눈치챈 사람도 있을 것이다. 나는 나와 잘 맞는 철학자 한 명을 꼽아 평생을 함께하는 것을 중요하게 생각해 주변 사람들에게도 곧잘 그렇게 해보기를 제안한다. 내 인생의 철학자 한 명을 정해 그와 대화하듯 사는 것이 엄청난 도움을 준다는 사실을 알고 있기 때문이다. 그리고 나에게는 그 철학자가 바로 쇼펜하우어다. 그러나 쇼펜하우어를 멀리해야 할 때도 분명 있다는 것을 안다.

바로 현실을 떠나 미래의 이상향을 그리는 '망상'을 즐길 때다.

호기심으로 시작한 무언가를 지속하게끔 만드는 또 다른 힘은 망상이다. 나는 성공하기 위해 젊은 날 절대로 선택해서는 안 되는 것이 염세주의라고 생각한다. 그래서 젊을 때 절대 읽지 말아야 할 책이 쇼펜하우어의 책이라는 말에 완전히 동의한다. 그래서 쇼펜하우어의 말들을 엮은 베스트셀러의 제목에도 '마흔에 읽는'이 들어가는 모양이다. 지나치게 현실적인 척, 지나치게 쿨한 척하는 것은 성공에 아무런 도움이 되지 않는다. 쿨병 걸린 사람은 악플밖에 남길 줄 모른다. 자기 인생이 무플로 도배되고 나락으로 떨어지는 그 순간까지 키보드워리어로 인생을 살다 가버리는 것이다. 염세주의를 이기는 힘, 그것이 바로 망상이다. 망상한다는 것은 곧 갈망한다는 것이다. 인간은 갈망하는 동안 끊임없이 부딪치는 법이다. 목말라 죽을 수는 없으니까.

나 또한 망상을 즐긴다. 멍하니 앉아 혼자 생각하기를 즐기고 미래의 나에게 일어날 일들을 머릿속으로 한 번씩 그려본다. 내가 하고 싶은 일들, 내가 되고 싶은 것들, 미래에 했으면 하는 일들, 하다못해 아이와 여행을 가면 이런 아빠가 되어주어야겠다고 그리는 모습들 또한 머릿속으로 떠올린다. 요즘은 이 책을 쓰고 베스트셀러 작가가 되어 인터뷰하는 모습을 머릿속으로 그리곤 한다. 「조선일보」와의 인터뷰에서는 이런 말을 해야겠다고 망상했고, 「한겨레」에서는 이런 말을 해야겠다고 망상했다.

방송 일을 할 때도 그랬다. 자기 전, 침대에 누워 다음 날 무대에 서 있을 나의 모습을 상상했고 관객들의 웃음소리를 떠올렸다. 어떤 대사가 유행어가 될지도 상상했다. 내일 촬영하는 방송에서의 애드리브를 떠올리고 머릿속으로 시뮬레이션해 보곤 했다. 그렇게 자기 전 망상으로 무대에 미리 서보는 것만으로도 나만의 작은 리허설을 마친 기분이었다.

개그맨을 준비할 때는 심지어 화장대에 있는 스킨, 로션을 들고 연예대상에서 상을 받으면 이런 말을 해야겠다고 미리 계획하기도 했다. "영혼을 팔아서라도 웃겨드리겠습니다." 그때 화장대 앞에서 했던 말을 5년 뒤 실제 연예대상에서 할 수 있었으니 놀라운 경험이었다.

투자할 때도 나는 늘 망상에 빠져 있었다. 이번 투자가 성공하면 어떤 집에 살게 될지 머릿속으로 그리고, 어떤 곳을 여행할지 정해놓았다. 부동산 투자를 하고서는 4년 뒤 나에게 들어올 월세 수입을 상상하며 방송을 다 때려치울 생각도 했었다. 요즘에는 내가 지켜보고 있는 주식이 10년 뒤에 가져올 수익률을 머릿속으로 그리면서 50대 중반의 내 모습을 떠올리고 있다. 요트를 타고 전 세계를 돌아다니며 꿈꾸던 도시에서 한 달 동안 머무는 나와 가족의 모습을 상상했다. 아무에게도 방해받지 않는 시사 풍자 코미디를 하고 있을 내 모습을 그리기도 한다. 이 책에서 구체적으로 밝힐 수 없는 수많은 망상이 오늘도 내 머릿속을 부유한다. 그리고 이렇게 망상하며 나는 오늘도 시도한다. 이것이 망상의 힘이다. 나를 움직이게 만드는 원동력이다.

종종 나쁜 상황을 망상하기도 한다. 좋은 상황의 망상이 새로운 시도를 부추긴다면 나쁜 상황의 망상은 언제나 나를 대비하게 만든다. 부정적인 상황을 그리는 망상 속에서 나는 내가 언제든 실수할 수 있다는 가능성에 대비한다.

만약 이런 안 좋은 일이 생긴다면 이렇게 대응해야겠다는 내 나름의 매뉴얼을 머릿속에 그려두기도 한다. 생방송 중에 말실수하게 되면 이렇게 해야겠다, 자동차 접촉 사고가 나면 「한문철 TV」에서 배운 대로 대처해야겠다, 아이가 다쳤을 때는 이렇게 해야겠다, 하다못해 아내와 싸울 때는 이런 말을 해야겠다고 미리 그림을 그려둔다. 나는 이런 망상을 참 좋아한다. 리스크를 미리 염두에 두고 있다는 뜻이기도 하다. 머릿속으로 미리 생각을 정리해 두다 보니 실제로 그런 일이 일어났을 때 침착하게

대응이 가능한 적도 여러 번 있었다.

신기하게도 그런 망상은 자주 현실이 되고는 했다.

그래서 한때는 내게 신기가 있나 생각한 적도 있었다. 지금 생각해 보면 그저 미리, 더 많이 생각해 보고 고민해 본 것이라 그렇게 느낀 게 아닐까 싶다.

그리고 얼마 전 나는 『퓨처 셀프』(상상스퀘어, 2023)라는 책을 통해 내 망상의 타당성을 찾게 되었다. 이 책의 저자 벤저민 하디(Benjamin Hardy)는 10년 뒤의 모습을 떠올리고 10년 뒤의 나처럼 행동하라고 강조한다. 내 수많은 망상도 비슷한 맥락이 아니었을까?

망상 이야기를 한 이유도 바로 이것이다. 망상을 그저 허무맹랑한 이야기에서 끝낼 것인가, 아니면 수많은 시도와 실수를 통해 현실로 길어 올릴 것인가의 차이다. 미래의 나를 위해 10년 뒤 내 모습을 상상해 보고 나의 망상을 통해 현실에서의 실수에 대비해야 한다. 내가 어떤 사람이 될 것인지 사람들에게 알리고 실수를 공공연하게 떠들고 다녀야 한다.

　망상이 멈추는 순간 마주해야 하는 것은 현실이다. 현재에 완전히 만족하는 사람은 없다. 대부분은 마주한 현실의 부정적인 면을 보게 된다. 그 부정적인 면에 정당성을 부여하고 원망하게 된다. 그 원망이 다른 사람에게 향할 때 인생은 완전히 망가진다. 나 홀로 제자리걸음을 하고 있다고 생각되면 분노가 표출될 수밖에 없다.

　연예인 누가 건물주가 되었다더라 하는 기사에 달리는 댓글들이 대표적인 감정의 쓰레기통이다. 그러나 그 분노는 뭔가 단단히 포인트를 잘못 잡고 있다. 기사에 등장하는 사람들은 대한민국 연예계 상위 0.1퍼센트다. 그게 어느 분야가 되었든 상위 0.1퍼센트는 돈을 잘 번다.

　물론 그 댓글을 쓰는 사람들의 심정을 전혀 이해하지 못하는 건 아니다. 나도 그랬었다. 한때 나도 실업자 신세가 되었을 때 연예대상을 못 봤다. 예능 프로그램도 개그 프로그램도 화가 나서 못 봤다. 나보다 인기가 많아진 후배들이 TV를 장악하게 된 시점에는 나도 모르게 이런 말까지 떠들어대기 시작했다. "저게 웃겨?", "진짜 싼티 나게 웃기네", "프로그램 없어지겠네, 망해라!", "어휴, 저런 걸 개그라고. 무식하게!"

그 분노를 없애준 것이 바로 망상이었다. 이런 망상은 새로운 일을 시작하면서 더욱 커졌다. 아직 가보지 못한 길이 있다는 것은 망상하기 쉬운 환경이 만들어졌다는 것이다. 투자라는 새로운 분야에서 출발할 때가 그랬다. 내 투자의 미래를 마음껏 망상하다 보니 이전의 분노는 자연스레 사그라들었다. 새로운 목표가 생기니 그런데 쓸 시간적 여유도 없었다. 내 호기심을 찾아가는 데 온전한 내 시간을 쓰게 되었다.

네이버 기사 댓글 창과 유튜브 영상에 달린 댓글들만 봐도 우리의 감정을 쉽게 알아차릴 수 있다. 불만족에 의한 사람들의 불만이 얼마나 극에 달해 있는지 말이다. 이제 그 감정들은 쓰레기통에 버려야 한다. 불만족은 망상으로 이겨내야 한다. 다른 사람을 질투하는 마음은 내 기분만 망칠 뿐이다. 내가 누군가에게 분노에 찬 악플을 달고 있다고 생각해 보자. 일단 그 사람을 욕하는 글을 쓰려면 어떻게든 나쁜 감정을 떠올려서 그 사람에게 상처 주는 말을 연구해야 한다. 더 독하고 날카로운 말이 있을까? 무슨 말을 해야 더 조롱할 수 있을까? 운전할 때 갑자기

끼어든 차에 쌍욕을 해도 듣는 것은 나뿐인 것과 같다. 이게 무슨 바보 같은 짓인지 모르겠다. 천금 같은 내 시간을 누군가를 혐오하고 욕하는 데 낭비하지 않았으면 한다.

스트레스는 분노를 쏟아내는 것이 아니라 관심 있는 무언가를 시도해 보는 일로 해소해야 한다. 그렇게 수많은 시행착오에 익숙해지다 보면 다른 것에 관심을 두는 시간이 얼마나 아까운지를 비로소 알게 될 것이다. 오직 나를 위해 그 시간을 써봤으면 한다.

지금 이 순간에도 실수하지 않으려 애쓰는 당신이 늘 불만과 불안에 가득 차 있지 않은가 생각해 보자. 혹시 이 책에도 불만을 표출하고 싶다면 한 번만 꾹 참고 그 에너지를 당신 자신에게 쏟아보자. 대부분의 분노는 당신의 욕구불만에서 기인하는 질투심일 뿐이다. 그 대신 당신만의 망상에 몰입해 보자.

이제는 현실주의를 버려야 할 때다. 마음속 쇼펜하우어를 죽여야 할 때다. 삶에 망상을 심어야 할 때다.

내가 얼마나 잘 살게 될지를 망상해라. 그 망상이 당신을 이기는

실수로 이끌 것이다.

내가 무엇 때문에 망할지도 망상해라. 그 망상이 당신이 저지른 실수에 대한 당신만의 대비책이 되어줄 것이다.

실수 총량의 법칙

성공으로 가기 위해 가져야 하는 세 번째 마음은 시행착오 그 자체에 대한 '감사'다. 누군가는 이렇게 말할 수도 있다. 시행착오 없이 이루어낸 성공이 진짜 아니냐고 말이다. 물론 그럴 수도 있다. 그러나 이것은 순서의 문제다. 제아무리 시행착오 없이 성공했다고 해도 반드시 실수는 뒤따라온다. 실수 총량의 법칙은 존재한다.

지금 만난 실수에 감사하고 여기서 배움을 얻지 못한다면 언젠가는 터지고 만다. 성공하기 전의 실수는 경험이자 좋은 자산이지만 성공하고 난 뒤의 실수는 큰 타격이 될 수도 있다. 똑같은 실수라도 상황에 따라, 나의 위치에 따라 그 무게감은 달라질 수 있다는 말이다. 성공한 만큼 나의 영향력도 달라졌을 테니 내 실수가 미치는 영향력의 범위와 크기도 다를 것이다. 내가 더 힘들어질 수 있다. 성공 전에 찾아오는 실수는 시행착오지만 성공 후에 찾아오는 실수는 그렇지 않을 수 있다. 시행착오로 지불해야 하는 값은 결국 내가 가진 것이 얼마나 많은가에 따라 달라진다. 비율의 문제다. 내가 가진 것이 많든 적든 가진 총합에서 일정 부분을 잃게 되는 것이다. 당연히 크게 성공하고 난 뒤에 빼앗기는 것이 더 많을 것이다.

율곡 이이의 가르침 중에 소년출세가 인생에서 가장 큰 불행이라는 말도 있다. 그런 일은 내 주변에서도 종종 벌어졌다. 특히 연예계의 특성상 벼락스타가 나오는 경우는 꽤 잦다.

내게는 손헌수라는 1980년생 동갑내기 친구가 있다. 2000년에 MBC 공채 개그맨으로 데뷔를 해 TV에 얼굴을 비추자마자 난리가 났다. 허무개그라는 코미디로 벼락스타가 된 것이다. 기억하는 사람이 있을지 모르겠다. 동갑내기인 내가 그의 모습을 TV로 보고 개그맨의 꿈을 키웠으니 그 파급력은 실로 엄청났다. 혜성같이 등장해 그해 신인상은 물론 가장 권위 있다는 백상예술대상에서 인기상까지 거머쥐었다. 새롭고 젊은 개그였다. 그러나 거기까지였다.

그가 겪은 이후의 일들은 일일이 열거하지 않겠다. 다만 확실한 것은 그가 정말 어려운 시기를 보냈다는 것이다. 그는 너무 쉽고 빠른 성공을 맛봤고 모든 일은 그가 돈에 대한 가치관도 정립하지 못했을 때 일어났다. 방송국이 어떤 곳인지, 연예계 생활은 또 무엇인지, 그는 아마도 모든 것이 혼란스러웠을 것이다. 다 내가 잘나서 잘된 것 같고, 세상이 나를 더 알아봐 주기만을 바랐을 것이다. 이 인기와 금전적 여유가 평생 갈 줄 알았을 것이다. 사람 탓이 아니다. 주변 환경과 상황이 사람을 그렇게 만드는 것뿐이다. 어딜 가나 환영받고 사람들이 우러러봤을 것이다. 또 한창 젊을 때였지 않은가. 이성들에게는 또 얼마나 인기가 많았겠냐는 말이다. 밥값 한번 계산해 본 적이 없었을 것이다.

개그의 특성상 폭발력만큼은 다른 어떤 연예인 직군

보다도 엄청나다. 그러나 지속되는 시간은 그만큼 짧다. 나는 개그의 유통기한을 6개월 정도라 본다. 6개월 뒤부터는 새롭지 않으면 식상하다는 말을 듣게 된다. 얼른 다른 것을 찾아내야 하고 끊임없이 새로워야 한다. 그래야 그 자리를 오래 유지할 수 있다. 그만큼 어려운 작업이다. 나는 확실하게 말할 수 있다. 코미디보다 투자가 쉬웠다고 말이다. 그도 아마 좌절하고 방황했을 것이다. 차라리 초반에 겪으면 좋았을 일들을 한참 성공한 후에 겪으려니 얼마나 괴로웠을까. 갑자기 이뤄낸 성공은 사람의 위기 대처 능력마저 떨어트린다. 실수를 통해 단단해질 틈이 없었으니 그럴 수밖에 없다. 공감 능력도 부족했을 것이다. 어떻게 처음부터 성공한 사람이 그러지 못한 사람들의 마음까지 이해할 수 있을까. 시간이 지나 사람들에게서 점점 잊힐 때쯤 그도 그 마음을 이해했을 것이다. 그가 대단한 면모를 보인 지점은 그 이후부터다. 성공 후에 그는 진짜 시행착오를 경험해 보기로 마음먹었다. 그리고 그 경험을 통해 진짜 배움을 얻어보기로 한 것이다.

벼락스타로 성공한 후 역으로 그는 오랜 무명의 시간을 겪으면서 시도해 보는 것, 마음껏 실수해 보는 것의 중

요성을 깨달았다. 그리고 지금에서야 그 내공이 발현되고 있다. 그도 이후 수많은 시행착오를 통해 지금 본인의 모습을 찾았다. 종종 시간이 맞아 만날 때가 있는데 그만큼 유쾌한 사람이 없다. 얼굴, 표정에서부터 강한 내공이 뿜어져 나온다. 도대체 얼마나 많은 시행착오로 경험치를 쌓았길래 이런 표정들이 나오는 걸까 싶다. 다시 세상 밖으로 나오기까지 생 신인이었던 때보다 곱절은 더 힘들었을 것이다.

그는 KBS1 「6시 내 고향」에서 2019년부터 청년회장 역할로 출연해 싹싹하고 예의 바른 모습으로 코너를 흥행시키며 장수 지역 프로그램의 신선함을 불어넣었다. 이 코너에서 중장년부터 노년층까지 시청자들에게 큰 사랑을 받으며 '재래시장의 BTS'라는 수식어도 생겼다. 그는 농가 일손을 돕는 것부터 집안일, 기계 수리, 춤, 노래 등 어르신들의 재롱둥이 일꾼으로 못 하는 일이 없다. 그렇게 「6시 내 고향」에서 하나의 코너였던 '청년회장이 간다'는 독립된 프로그램으로 편성되었다. 2021년 12월, 처음으로 방영된 KBS1 「일꾼의 탄생」이라는 프로그램인데, 이 프로그램을 통해 손헌수는 최초로 프로그램에서 메인 역할을 맡게 되었다. 처음부터 잦은 실수를 통해 성장했더라면 그의 암흑기는 훨씬 더 짧았을지도 모를 일이지만 지금 그의 성공 또한 나는 진심으로 축하한다.

그러니 어설프던 시절의 실수들에 늘 감사해야 한다. 나는 지금 젊은 시절로 돌아간다면 더 많은 시행착오를 경험하기 위해 노력할 것이다.

만약 지금 당신이 가진 것이 별로 없다면 기회라고 생

각하고 끊임없이 시도해 보고 넘어져 보길 권한다. 그리고 매 순간 자책하기보다는 감사하는 마음을 갖기 바란다. 시행착오 앞에서 진심으로 감사한 마음을 느낄 때 다음 발걸음 역시 당신만의 가치를 지닐 수 있을 것이다.

오래 자책하지 않는 사람

     내가 설명하는 이 사람은 누구일까? 일단 그는 농구선수다. 그는 경기 중에 9000번 이상의 슛을 놓쳤다. 그의 필드골 성공률이 50퍼센트 정도니 정확히는 1만 8000번의 시도 중 절반을 놓친 셈이다. 그는 또한 300개가 넘는 경기에서 패했다. 정확하게 말하면 통산 366개 경기에서 졌고 플레이오프까지 합산하면 426개 경기에서 패배했다. 그는 아주 중요한 게임에서 승패를 결정짓는 슛을 26번이나 놓쳤다. 가장 유명한 것이 1989년에 열린 플레이오프 동부 컨퍼런스 결승 5차전 마지막 순간의 동점 슛이다. 이 슛이 실패하면서 그의 팀은 패배했고, 시리즈에서도 결국 패하며 결승 진출에 실패했다. 이 선수는 과연 누구일까?

이렇게만 들으면 그저 그런 선수처럼 보이겠지만 놀랍게도 이 선수는 NBA 챔피언을 6번 차지하고 정규 시즌 MVP를 5번, NBA 파이널 MVP를 6번, NBA 올스타를 14번, NBA 득점왕을 10번이나 차지한 농구계의 황제 마이클 조던(Michael Jordan)이다. 그의 커리어를 일일이 나열하자면 책 한 권을 써도 모자란다.

전 세계에서 이 이름을 모르는 사람이 있을까? 스포츠 스타 중 이 사람보다 뛰어난 업적을 이룬 사람이 또 있을까 궁금하다. 당연히 없을 것이다. 그의 신발마저도 너무나 유명하니 말이다. 어린 시절 엄마가 절대 사주지 않았던 마이클 조던의 신발은 여전히 비싸서 못 사고 있다.

그러나 마이클 조던이라는 이름을 모른 채로 앞선 이력을 들었을 때는 어떤 느낌이 들었는지 궁금하다. 그저 그런 농구선수처럼 보이고 하찮기까지 하지 않았을까? 누구든 마찬가지일 것이다. 모든 인간은 그렇다.

지금껏 살아오며 저지른 실수만 나열한다면 누구든 부족하고 하찮아 보이기 마련이다.

"저는 9000개 이상의 슛을 놓쳤습니다. 거의 300개의 경기에서 졌죠. 그리고 이길 수 있으리라 생각하고 던진 슛을 26번 놓쳤습니다."
그리고 그는 이렇게 덧붙였다.

"저는 제 인생에서 계속해서 실패했습니다. 그리고 그것이 제가 성공한 이유입니다(I've failed over and over and over again in my life. And that is why I succeed)."

우리는 다른 사람의 인생을 과정으로 보려 하지 않는다. 우리 중 마이클 조던이 9000번의 슛을 실패한 사람이라고 기억하는 사람이 없듯 말이다. 그러나 그 역시도 끊임없이 실수하던 때가 있었고 결정적인 슛을 놓쳐 팬들에게 질타받던 때도 있었다.
그는 찰스 바클리(Charles Barkley)나 샤킬 오닐(Shaquille O'neal)에게 블록 슛을 당했고, 존 스탁턴(John

Stockton)이 패스는 더 낫다는 평가를 받으며 조롱당하거나 레지 밀러(Reggie Miller)에게 3점 슛 성공률에서 밀렸다. 마지막에는 코비 브라이언트(Kobe Bryant)라는 천재선수의 등장에 "마이클 조던의 시대는 갔다"라는 평가까지 들었다.

그러나 그리 놀라운 일은 아니다. 마이클 조던이 아니라 더한 우주대스타가 나와도 별반 다르지 않을 것이다. 어떤 탁월한 사람이라도 실수하고 실패하면서 비웃음당하고 때로는 멸시받는 시기를 지나기 마련이다. 어쩌면 그런 과정들 속에서 마이클 조던 역시 한 번쯤은 자책하며 스스로를 미워했을지도 모른다. 그러나 그런 그가 진짜 위대한 이유는 수백 번 좌절해도 그 순간에 오래 머무르지는 않았다는 데 있다. 나 역시 크고 작은 좌절의 시기마다 끝없는 자기 비하에 빠졌다. 그 이야기를 잠깐 해보려 한다.

당시 「강남스타일」로 주가를 올리던 싸이와 통신사 광고를 찍고, 배우 장동건의 후속 모델로 카메라 광고까지 찍으며 개그맨으로서 성공 가도를 달리다가 한순간에

「개그콘서트」에서 잘리고 실업자가 된 나는 꿈과 현실을 구분할 수 없는 지경이었다. 이 시기에 나는 이불 밖으로 한 발자국 내딛는 것도 힘겨웠다. 다 꼴 보기 싫었다. 내 커리어가 전부 끝났다는 생각에 무기력했다. 물론 젖먹던 힘까지 쥐어짜 이것저것 시도해 보던 시기도 있었지만, 결과적으로는 다시 원점이었다. 본격적으로 예능 진출을 해보면 어떨까 싶어 고맙게도 손을 내밀어준 김병만 선배의 도움으로 리얼 예능 프로그램인 「정글의 법칙」에도 출연해 봤지만, 그곳에서도 나는 한계를 느끼며 한없이 추락하기만 했다. 중간중간 나를 찾아주던 「코미디 빅리그」나 「웃찾사」에 가보기도 했지만, 특별히 달라지는 건 없었다.

자책했다. "난 왜 이러는 걸까?" 내 유행어는 어느새 나를 향하고 있었다. 무엇을 해도 힘이 나지 않았다. 지금 생각해 보면 당연한 일이었다.

자책과 후회를 떨치지 못하고 계속 끌어안고 있었으니 힘을 내 무언가를 지속할 동력이 없었던 것이다.

자책감에 괴로웠다. 사람들의 놀림감이 될 것 같았고 동료들의 시선도 부담스러웠다. 지상파에 출연하지 않는 나에게 사람들은 왜 요즘 TV에 안 나오냐며 하루에도 몇십 번씩 내 안부를 물어왔다. 마치 추석에 만난 고모가 나를 따라다니며 이것저것 캐묻는 느낌이었다. "공부는 잘해?", "대학은 어디 가?", "군대는?", "취직은 했어?", "결혼해야지?", "애는 안 낳아?", "둘째는?", "그래도 딸 하나는 낳아야지?"… 물론 내 자격지심 때문에 더 그렇게 느꼈을 것이다.

자격지심에 부모님의 잘 지내냐는 안부 전화마저도 부담스러워졌다. 마치 "너 잘렸는데 잘 지내니?"라고 말하는 것처럼 들렸다. 그 시기에는 그저 모든 사람의 관심 밖에서 살고 싶었다. 그래서 방에 암막 커튼을 24시간 쳐놓고 아무도 날 쳐다보지 못하게 만들었다. 차라리 투명인간이 되고 싶었다.

이불 속에서 꼼짝달싹하지 않던 한 달간은 세상 욕도 참 많이 했다. 또 몇 달간은 술만 마셨는데, 그때 입에 달고 다녔던 말은 "이 ✕같은 세상!"이었다. 그렇게 시간이 흐르는 것이 어느 순간 무서워지기 시작했다. 이대로 내 인생이 끝없는 구렁텅이로 빨려 들어가는 느낌이었다. 이렇게 끝낼 수는 없다는 생각이 들었다.

지금까지 구구절절하게 설명한 내용이 내가 첫 투자를 시작하기 직전까지의 모습이다. 그야말로 자책감과 후회를 온몸으로 끌어안고 있는 사람의 모습 말이다. 만약 내가 오래도록 이 모습이었다면 어땠을까? 상상만으로도 털이 쭈뼛 서는 기분이다. 그랬다면 나는 아마 망했을 거다.

누구보다 지지리 궁상으로 아파봤기 때문에 나는 안다. 누구에게나 이런 시간은 찾아올 수 있다는 것을, 그것을 피하기란 정말 어렵다는 것을 말이다. 뭔가에 완벽히 가로막힌 기분, 도저히 이겨낼 수 없을 것 같은 버거운 상황들, 자책하지 않을 수 없는 자기 비난의 시간은 언제든 찾아올 수 있다. 이 시간을 영원히 피할 수는 없다. 그 시간을 지나고 있는 사람에게 나는 이렇게 말해주고 싶다. 그런 시간은 누구에게나 존재하니 일단 잠시 멈춰도 좋다고. 그저 그렇게 시간을 보내도 괜찮다고 말이다. 일단 한번 널브러져 보는 것도 나는 나쁘다고만 생각하지는 않는다.

다만 거기에 너무 오랫동안 머무르지만 않는다면 말이다.

이 시간을 다음을 위해 힘을 축적하는 시간이라고 말하고 싶다. 누구나 이런 시간은 필요하다. 한 방향으로 전력 질주 한 사람일수록 방향을 틀 때 시간이 필요하기 마련이다. 자책감에 시달리는 시간을 충분히 가지되 그 시간을 움직일 힘을 비축하는 시간으로도 써야 한다.

내가 암막 커튼을 치고 침대에 누워 있으면서도 무엇인가를 스마트폰으로 계속 찾아보고 있었던 것은 지금와 생각해 보면 정말 다행스러운 일이다. 물론 그냥 웃긴 영상을 볼 때도 있었다. 넋 놓는 시간도 당연히 있었지만 나는 나도 모르는 새 그렇게 힘을 비축하고 있었던 거다. 그러니 괜찮다. 지금 그 아픈 시간을 보내는 사람이라면 마음껏 울고 마음껏 절망해도 좋다.

자책하며 이제 정말 끝이라고 생각하는 대신 침대 안에서 다음 좌절의 거리를 찾는 시간이 필요하다. 나에게는 그것이 바로 투자였다. 누구도 나를 해고할 수 없는 경제적 힘과 시간적 자유였다.

개그맨 일을 하면서 나는 그 일 하나만을 맹신하며 주변을 둘러보지 않았다. 이 시장이 언제나 이 모습 그대로일 거라고 섣불리 판단하고 다른 무엇에도 도전하지 않았다. 영원한 것은 없었지만 10년간 현상 유지를 해오며 나도 모르는 새 안주해 버린 것이다. 나만의 이야기는 아닐 것이다. 직장에 다니는 누군가의 이야기일 수도, 글을 쓰거나 그림을 그리는 누군가의 이야기일 수도 있다. 자, 이제 그럼 자기 비난을 멈추고 이곳에서 탈출해야 한다.

사치 부리지 않는 소비 습관 덕분에 꽤 모았던 시드머니를 확인한 나는 드디어 이불을 걷어차고 세상 밖으로 나왔다. 서점에 첫발을 내딛기까지는 무려 6개월이 걸렸다. 그러나 나는 이 시간이 긴 인생의 여정에서 봤을 때 그리 길다고 생각하지 않는다. 완전히 가라앉지 않고 동력을 회복했다는 것에 의의가 있었다.

그렇게 나는 실패했고 자책했고 방황했지만 끝내 돌아왔다. 그리고 그토록 원했던 경제적 자유를 얻었으며 어떤 상황에서도 휘둘리지 않을 환경을 만들어냈다. 내 삶은 이제 온전히 나에게 달려 있다.

그러니 당신도 너무 오랫동안 자책하지 말았으면 한다. 좌절의 순간은 어쩌면 당신이 노력했던 가장 빛나는 순간일지도 모른다.

필연적으로 자책해야 하는 순간은 찾아오겠지만, 그 순간마저도 더 나은 미래를 위해 잠시 쉬어 가는 시간으로 활용할 수 있기를 바란다. 이 보 전진을 위한 일 보 후퇴처럼 말이다. 지난 일에 대한 후회와 자책만으로 시간을 하염없이 낭비하는 악순환을 끊어내야 한다. 이불킥만 할 것이 아니라 이불을 걷고 다시 일어나야 한다. 잠시 움츠렸다가 이내 '그래서 뭐, 삐끗 좀 한 게 뭐 어떻다고?'라는 마음으로 툭툭 털고 일어나자.

좌절에서 시작된
내 인생의 클라이맥스

　　앞서 오래 자책하지 않는 것에 관한 이야기를 했다. 그런데 어쩌면 자책과 좌절의 시기야말로 인생의 클라이맥스를 눈앞에 둔 시기일지도 모른다.

　　다시 나무 이야기로 돌아와 보자. 의지라는 씨앗으로 피어난 싹은 두려움과 비웃음이라는 비바람을 이겨내고 호기심과 망상이라는 비옥한 땅과 태양 아래 감사라는 볕을 쬐며 점차 성공이라는 거대한 나무로 성장해 나간다. 이제 이 나무의 성장을 결정지을 마지막 요소는 계절이다. 나무가 가장 울창하게 자라나는 계절은 당연히 여름이다. 그렇다면 성공을 위한 실수로 가장 크게 성장하는 인생의 시기는 언제일까? 바로 '좌절'을 겪을 때다.

실수는 좌절이라는 여름을 맞이할 때 가장 큰 성장을 이룬다.

무언가 해보려는 움직임은 좌절의 끝에서 나온다. 사람은 벼랑 끝에 놓여봐야 바꾸어야겠다고 생각한다. 그러니 지금 극한의 상황이라고 해서 무너질 필요는 절대 없다. 무언가 해봐야겠다는 생각은 그제야 비로소 솟구쳐 오르니 말이다. 지금 배부른 상태라면 뭔가를 해봐야겠다는 생각도 들지 않는다. 지금을 계속 유지하고 싶다는 생각만이 가득 차기 마련이다.

지금부터 나와 내 주변에서 실제로 경험했던 이야기들을 통해 좌절이 작용하는 방식을 설명해 보겠다. 내가 직접 경험했거나 본 것이 아닌 사례를 늘어놓는 것은 위선이라고 생각하는 탓에 이야기가 내 생활반경 안에 국한되는 것에 양해를 구한다.

지금이야 유튜버가 대세라고 하지만 처음 방송계에는

개인 채널을 운영하는 것이 창피한 일이라는 인식이 있었다. 이제는 너 나 할 것 없이 대부분의 스타가 유튜브에서 나오지만 말이다. 개그계에서는 특히나 그렇다. 유튜브로 대박 난 개그맨들의 공통점은 무엇일까?

아이러니하게도 지금의 유튜브 스타는 벼랑 끝에서 떨어진 사람들이다.

그 벼랑 끝이란 방송국이다. 그동안 기득권이었던 방송국에서 내쳐진 사람들만이 유튜브에 도전했다. 지상파 3사 방송에서 특별히 인지도를 얻지 못했거나 아예 공채 시험을 통과하지 못해 기회조차도 부여받지 못했던 사람들 혹은 PD나 방송국 관계자들의 눈 밖에 나 방송에 출연하지 못했던 사람들이다.

아니면 한때 잠깐이나마 얼굴을 알렸지만, 지금은 그저 그런 얼굴이 된 사람들이다. 그들은 절박했을 것이다. 인생을 바꾸고 싶었을 것이다.

그들이 유튜브 시장에서 살아남기 위해 고군분투하고 있을 때도 좌절을 겪어본 적 없는 대부분의 연예인은 유튜브라는 새로운 시장의 가치를 알아보지 못했다. 그래서 여전히 그 시장에 뛰어들지 않았다. 이 시장에 도전할 필요성도 용기도 없었던 것이다. 좌절해 본 적이 없었기 때문에 지금의 안락한 삶에 만족했을 것이다. 굳이 새로운 시장에 도전할 이유를 찾지 못하고, 지금의 상태에 머무를 이유만 찾게 되었을 것이다. 그러는 사이 내일의 성공은 그들의 품에서 점점 멀어졌을 것이다.

실제로 유튜브에 도전했다가 망할 수도 있다는 불안감에 아무 도전도 하지 못하고 시간을 흘려보낸 유명 연예인들이 꽤 많다. 그러나 이 시장에서 스타가 나오고 전 세계적인 붐이 일어 억만장자가 탄생하자 생각은 달라졌다. 너도나도 유튜브에 뛰어들기 시작한 것이다.

그렇게 시간이 지난 지금 주류가 된 이곳은 포화상태다. 모두가 뛰어들었으니 말이다. 누구나 도전하는 판이 되었다. 국가자격증시험도 초반 차수가 가장 쉬운 것처럼 유튜브도 마찬가지다. 초기에 이 시장에 도전했던 사람들은 대부분 자리를 잡아 터줏대감이 되었다. 그들은 바보가 아니었다. 창피하지만 용기를 냈고 시행착오를 거듭하며 대중이 원하는 채널을 만들어냈다.

이를 가장 훌륭하게 해낸 친구들은 유튜브 채널 「숏박스」를 만든 개그맨 김원훈과 조진세다. 그들은 개그 쪽에서는 제일 어렵다고 손꼽히는 KBS 개그맨 공채 시험을 통과해 들어왔다. KBS 공채 개그맨 시험의 경쟁률은 기본적으로 100:1을 가볍게 뛰어넘는다. 웃기는 거로는 전국에서 난다 긴다 하는 사람을 1년에 딱 열 명만 뽑는 것이다. 그중 대중에게 얼굴과 이름을 알리는 사람은 1년에 한두 명도 채 안 된다. 쉬운 시험이 아니다. 이들은 하필이면 지상파 개그 프로그램이 침체기일 때 합류해 「개그콘서트」의 쇠퇴기를 정면으로 맞이했다.

더 이상 시청률 30퍼센트를 찍던 예전의 「개그콘서트」가 아니었다. 뭘 해도 욕먹는 시기였다. 아무리 신선한 인물이 들어와 새로운 개그를 보여줘도 판이 오래되고 틀이 그대로니 식상해 보였을 것이다. 따라서 그들은 막막했을 것이다. 이미 이 판에서는 예전과 같은 노동력을 기울여도 얻을 수 있는 인기와 돈의 크기가 많이 줄어들었다. 20년이 넘게 이어진 판은 이미 낡고 식상했다.

더군다나 표현의 자유 역시 보장되지 않았다. 무슨 말만 하면 욕먹기 십상이었다. 불편러들로 가득 찬 지상파는 더 이상 개그를 마음껏 할 수 있는 무대가 아니었다. 사람들을 웃기기 위한 아이디어 회의를 한다기보다는 사람들에게 욕먹지 않기 위한 회의를 하고 있었다. 그들이 막 합류했을 때 이 판은 벌써 그들의 역량이나 노력과는 상관없이 굴러가는 무대로 변질되어 가고 있었다. 그들은 첫발부터 좌절을 경험해야 하는 불운한 세대였다.

이때 만약 그들이 좌절 속에서 새로운 시도를 하지 않았다면 사람들은 이 시기를 불운의 시기로만 기억했을 것이다. 하지만 그들은 환경에 굴복하지 않고 새로운 시

도를 시작해 결국 꽃을 피웠다. 결과적으로 이 시기를 행운의 시기로 만들어낸 건 그들 자신이었다. 햇볕이 쨍쨍 내리쬐는 무더운 여름날이라고 생각해 보자. 여름날 가장 더운 곳 중 하나일 비닐하우스 안에서는 그 어느 때보다 무한한 생명과 가능성이 자라나고 있던 것이다.

이제 와 솔직히 밝히지만 나는 「개그콘서트」가 없어짐으로써 비로소 새로운 판이 생겼다고 생각한다. 코미디가 설 곳이 없다고 말하는 사람도 많지만 인스타그램, 유튜브, 페이스북 등 오히려 판은 전 세계적으로 커졌을 뿐이다. 재능을 펼칠 무대는 늘어났고, 무대가 도달하는 범위도 넓어졌다. 누구에게나 열린 무대가 탄생한 것이다. 그동안 재능은 있었지만 그 재능을 보여줄 수 없었던 사람들까지도 이 판으로 모여들었다. 공채 시험에 떨어진 사람부터 막연히 사람들에게 웃음을 주는 일을 꿈꾸던 사람, 그리고 한물간 개그맨들까지도 말이다. 드디어 이곳은 재능 있는 누구에게나 열린 시장이 되었다.

나는 요즘도 깜짝깜짝 놀란다. 이렇게 재미있는 콘텐츠를 만드는 사람들이 어디서 이렇게 자꾸 나타나나 하고 말이다. 새로운 흐름이 시작됐다. 새로운 인물들이 계속해서 시도하고 시행착오를 겪어가며 나아간다면 분명 좋은 시기는 다시 올 것이다. 누군가 가장 많이 성장하는 환경이 있다면 이런 상황일 것이다. 겉보기엔 절망적인 상황 말이다. 이 상황에서는 선택지가 많지 않다. 이대로 죽거나 어떻게든 새로운 길을 발견하거나 둘 중 하나다.

물론 새로운 길로 나아가는 일은 항상 두렵다. 성공 여부도 불투명하고 앞도 잘 보이지 않는다. 선례 역시 없다.

내가 개척해 나가야 하는 시장이니 말이다. 그러니 당연히 많은 실수를 할 수밖에 없다. 많은 실수를 할 수밖에 없으니 실수를 통해 배울 기회도 많을 수밖에 없다. 성공을 위한 거름이 많을 수밖에 없는 상황인 것이다. 「숏박스」를 성공시킨 그들 역시 이전에 수없이 많은 채널을 시도했다. 이것저것 채널을 파보고 여러 가지 영상을 제작해 올렸다. 그렇게 대중에게 외면받기를 수없이 반복하며 다양한 경험치를 쌓은 것이다. 밤새도록 아이디어를 주고받으며 서로 말다툼도 많이 했을 것이다. 긴 시간이 흐르는 동안 어떻게 하면 되는지 자신도 모르게 감을 익혔을 때 비로소 성공이 찾아온 것이다. 당연히 그들도 두려웠을 것이다. 전혀 낯설고 새로운 시장에서 안정적으로 정착할 수 있을지 불안하고 마음이 흔들렸을 것이다. 그러나 그렇게 성공해 본 사람들은 안다. 포기하지 않고 계속 걸어나가다 보면 결국 자신이 옳았음을 확인하는 날이 온다는 것을. 이렇게 해본 사람들만이 알 수 있다.

요즘도 그 후배들을 만나면 흐뭇하고 대견하다. 수없이 실수하며 나아갔을 사람들을 만나면 묘한 공감대가 느껴진다. 당신은 절망스러운 상황을 어떻게 받아들이고 싶은지 궁금하다. 직장을 잃었다고, 터전을 잃었다고 자책하며 슬퍼하기만 할 것인가. 아니면 새롭고 멋진 실수를 한 번 더 저지를 용기를 낼 것인가. 얼굴 좀 알려졌다고 유튜브를 왜 하냐며, 창피하다고 생각했던 사람들은 지금 진짜 창피한 상황에 놓이게 됐을 것이다. 이들은 아마도 어딘가에서 "내가 예전에 말이야!"를 연발하고 있을지도 모른다. 그런 패배자의 넋두리를 하지 않으려면 당신 앞에 좌절이 찾아온다 해도 체면 차리지 말고 기꺼이 시도하고 실수하기 위해 움직여야 할 것이다. 하던 일이 하락세를 보이거나 자신의 분야에서 한계를 느끼고 있다면 더더욱 그래야 할 것이다. 당신에게 선택지는 없다. 지금 당장 좌절이라는 계절을 활용해 성공의 씨앗을 발아시킬 때다.

금단증상을 느낀다면
당신은 성공할 준비가 되었다

무언가에 정통하게 되는 과정은 모두 비슷하다. 내가 먼저 그것에 흥미와 필요성을 느껴야 하고, 그 일을 해낼 방법을 알아야 하고, 그 방법대로 실행해야 한다. 여기까지 오면 기술자가 될 수 있다. 그 이후로는 자신의 방법을 무한히 반복해야 한다. 반복을 통해 조금 더 세련된 방법을 찾고 반복을 통해 더 나은 길을 발견하는 과정이다. 처음에는 몰입을 통해 반복하지만 어느 순간이 되면 몰입의 과정마저도 사라진다. 말 그대로 무아지경에 이르게 되는 것이다. 이 무아지경의 단계를 '중독'이라고 부른다. 중독의 과정을 지났을 때 기술자는 비로소 달인이 될 수 있다. 나는 고수의 반열에 오르기 위한 마지막 과정이 중독이라고 생각하는 사람이다.

시행착오 역시 마찬가지다. 지금까지의 이야기를 통해 당신이 도달했으면 하는 마지막 단계는 바로 '실수 중독' 이다. 실수의 가치를 깨닫고 이것이 내 삶을 성공으로 이 끈다는 걸 배우고 나면 이제는 오히려 내가 실수를 찾아 다니게 된다. 실수를 저지르는 것에 대해 더 이상 남의 눈을 의식하지 않게 된다. 더는 실수가 두렵지 않게 된다. 이렇게 실수에 중독되면 새로운 무언가를 끊임없이 갈망하며 다양한 것을 경험하고 내가 진정으로 좋아하는 것이 무엇인지 나의 자아를 찾아 쉼 없이 헤맨다. 내가 해보고 싶은 일들이기 때문에 자기 주도적으로 변한다. 더 이상 게으를 틈이 없다. 내가 하고 싶은 일을 하는데 어떻게 게을러질 수 있을까? 내가 처음 「개그콘서트」에서 잘려 투자를 하기로 마음먹었을 때가 기억난다. 물론 처음 개그맨이 되겠다고 생각했을 때도 똑똑히 기억난다. 처음 책을 쓰겠다고 마음먹었을 때도 생각난다. 경험해 본다면 당신도 알게 될 것이다. 무언가를 시도해 보고 실수해 보는 것에 중독되면 어마어마한 내면의 힘이 솟아난다.

무언가에 중독된 사람은 그렇지 않은 사람의 의견을 과감히 무시하는 법도 배우게 된다. 특히나 중독은커녕 시작도 하지 못한 사람들의 말은 더 잘 무시할 수 있게 된다. 사람들이 당신에게 하는 이야기 중 대다수는 경험해 보지 않고 단정 짓는 것들이다. 그런 말들은 철저히 경계해야 한다. 꼭 하루에 5분도 뛰어보지 않은 사람들이 마라톤을 논한다. 그러나 한강에 나가면 누군가는 반드시 뛰고 있다. 지금 이 시간에도 어딘가에서 누군가는 달리고 있을 것이다. 일요일 아침 마라톤 대회는 그야말로 인산인해를 이룬다. 이렇게나 많은 사람이 느긋한 휴일을 반납하고 아침부터 뛰고 있다는 사실에 놀랄 것이다. 안 해본 사람만이 무릎이 안 좋다, 몸무게가 많이 나가서 뛰면 다친다는 식의 핑계를 대며 마라톤 뛰는 사람을 유별나다는 듯이 말한다. 나는 일단 이런 영양가 없는 대화가 시작되면 바로 그 자리를 뜬다. 더 이상 이런 사람과 대화할 가치를 느끼지 못한다. 운동뿐 아니라 모든 일에서 그렇다. 시도하지 않고 시작하지 않고 그래서 경험해 보지 못한 사람이 내게 하는 말은 철저히 무시한다.

얼마 전 나는 40평대 아파트에서 70평대 아파트로 이사를 했다. 많은 사람이 세 식구 살기에는 집이 너무 크지 않냐며, 청소는 어떻게 할 것이고 관리는 어떻게 할 것인지 훈수를 뒀다. 난 그 모든 것이 개소리임을 안다. 직접 살아보니 아니다. 이유를 따질 것도 없이 그냥 크고 넓은 집이 좋다. 혼자 살아도 70평은 좋다. 나도 살아보기 전에는 몰랐다. 그냥 그들은 70평을 경험해 보지 못했으면서 단정 지어 말하는 것이다. 경험에서 나온 말들이 아니다.

전망은 하루 이틀인데 차가 많으니 매연 때문에 문도 못 열고 빨래도 못 널고 호흡기가 안 좋아지지 않을까, 겨울에 춥고 여름에 더운 최악의 집은 아닐까 이런저런 훈계와 훈수가 난무하는 말들 역시 그냥 흘려들었다. 이것도 역시 경험해 보지 못한 사람들의 불평일 뿐이다. 한강이 보이는 아파트는 그냥 좋다. 전망은 말할 것도 없으며 한강공원을 매일 아침 앞마당처럼 산책하고, 마음껏 자전거를 탈 수도 있다. 캠핑 장비와 책 한 권, 커피를 들고 나가 여유를 즐기고 시간의 구애를 받지 않고 뻥 뚫린 한강 변을 달릴 수도 있다. 내 기준에 부합한다면 구태여 경험해 보지 못한 사람들의 이야기를 들을 필요는 없다. 나에 대한 고민을 가장 많이 하는 사람은 언제나 나다. 내 고민을 함께해 주는 시간이 단 10분도 안 되는 사람들의 영양가 없는 조언을 들을 시간이 나에게는 없다.

한강 변이 아닌 곳에 살면서 한강 변의 집들이 왜 다른 지역의 집들보다 비싼지 이해할 수 없다는 이들과는 더 대화할 필요가 없다. 둘 모두를 경험해 본 사람이 아니라면 그런 결론을 내릴 자격이 주어지지 않는다.

당신이 만약 실수에 중독된다면 이렇듯 당신을 둘러싼 이야기들의 가치에 대해 좀 더 명확하게 판단할 수 있게 될 것이다.

인간관계도 그렇다. 실수에 중독되면 새로운 만남에 주저함이 사라진다. 누구든 만나볼 호기심이 생긴다. 인간관계를 어려워하는 사람은 정말 많다. 아마도 사람에게 상처받은 기억 때문일 것이다. 그러나 실수에 중독되면 이런 걱정도 단번에 해결된다. 불에 한 번 데었다고 해서 평생 불 없이 살 수는 없다. 한두 번의 실수로 인간관계 자체가 어려워졌다는 건 실수의 아픔에만 너무 몰입하고 있어서다. 그러나 사람은 절대 혼자 살 수 없다. 우리는 관계 안에서 더 많은 가치를 발견할 수 있다. 누군가를 만난 것 자체가 일생의 실수처럼 느껴진다면 그만 끊어내고 다시는 그런 관계 안에서의 실수를 반복하지 않겠다고 다짐하면 그만이다. 그럴 때일수록 몸과 마음 모두에 도움을 줄 사람을 거리낌 없이 만나야 한다. 물론 많은 사람을 경험하되 이상하다 싶으면 단박에 끊어버리는 결단력도 필요하다. 그래서 나는 누구든 일단 만나보고 판단한다. 그 사람의 평소 평판도 별로 중요하지 않다. 누군가가 그 사람의 욕을 한다면 나는 오히려 욕한 사람을 피한다. 인간관계는 언제나 상대적이기 때문에 내가 직접 만나보고 판단하는 것이 가장 정확하다. 누군가에게는 죽도록 미운 사람일 수 있지만, 나에게는 은인일 수도 있다. 내가 인간관계에 별로 스트레스를 받지 않는 이유다.

물론 이렇게 말하면 내가 사람에게 정말 크게 당한 적이 없어서 한가로운 소리를 늘어놓는다고 생각하는 사람도 있을 것이다. 그러나 그럴 리가 있는가. 내가 활동했던 방송계나 지금 몸담고 있는 투자 쪽은 그야말로 천하제일 사기꾼들의 대잔치가 벌어지는 곳이다.

내가 사회 초년생일 때 이런 일이 있었다. 그러니까 개그맨으로 데뷔하고 돈을 꽤 잘 벌고 있을 때의 일이다. 나는 한 극단의 사장에게 '변액 유니버셜'이라는 보험을 소개받아 가입했었다. 참 바보 같게도 한 달에 몇백만 원이라는 돈을 아무 의심 없이 맡긴 것이다. 지금 생각해 보면 극단의 사장은 당시 내가 얼마 정도 버는지 알고 있었을 것이다. 알고 보니 극단의 사장과 보험 설계사는 절친한 사이였다. 내가 보험에 가입함으로써 떨어지는 인센티브를 둘이 나눠 먹고 있던 것이다. 성공의 꿈에 부푼 20대 시절 나의 열정을 믿고 대견하게 생각해 주는 줄 알았던 사람의 첫 번째 배신이었다.

한번은 이런 일도 있었다. 내가 처음으로 계약했던 매니지먼트 사장의 이야기다. 내가 개그맨으로 어느 정도 이름을 알리고 유명해졌을 때쯤 몸값이 올라 당시 500만 원의 행사비를 받을 때였다. 매니지먼트 사장과의 정산계약 비율은 내가 6, 매니지먼트가 4였는데, 행사비로 따져 보자면 내 몫이 300만 원, 회사의 몫이 200만 원인 셈이었다. 그런데 정산이 되어 내게 들어온 돈은 240만 원이었다. 심지어 회사가 가져간 돈은 210만 원이었다. 돈의 총합이 500만 원이 아니었던 거다. 무언가 단단히 잘못되었다는 걸 안 나는 당장 사장에게 따져 물었다. 사장은 중간에 행사를 잡아 온 에이전트에 우선적으로 10퍼센트를 떼어주고 남은 금액을 나누었기 때문이라고 해명했고, 당시에는 그렇게 무마되었던 일의 진실을 나는 곧 알게 되었다.

이 사장이 법인을 두 개 만들어 굴리고 있던 것이다. 사무실에 전화기만 하나 더 만들어놓고는 전화기 한 대에는 매니지먼트 번호를, 또 다른 전화기 한 대에는 에이전트 회사 번호를 만들어둔 것이다. 무려 한 사무실에서 두 개의 회사를 돌리고 있었던 것인데, 그러니 에이전트 회사의 몫으로 떼어 간 10퍼센트의 돈 역시 그가 가져가고 있었던 거다. 결국 사장이 가져간 돈이 260만 원, 내가 가져간 돈이 240만 원이었다. 이런 행사만 매주 한두 개씩 있었는데, 거기에 광고까지 합하면 금액은 더 커진다. 나 모르게 빠져나간 돈의 총액은 연 단위로 쪼갰을 때

상당했다. 이런 좋은 머리로 남의 돈이나 빼돌릴 생각을 했다니 기가 막힐 노릇이었다. 이들 외에도 내가 만난 별의별 사람은 많았다.

이 일 이후로 나는 모든 회계장부를 직접 관리한다. 상대 회사의 사업자 등록증을 반드시 받아 보고, 대표자를 확인한 후 일을 진행한다. 아무리 귀찮아도 회사에 일임한다거나 내 일을 봐주는 세무사나 회계사에 전적으로 맡기지 않는다. 하다못해 가족에게도 내 돈을 맡기지는 않는다. 지금 와 생각해 보면 그때 일이 더 큰 손해를 막아준 계기가 아니었을까 싶다. 서툴던 시절의 좋은 시행착오였다. 이후 더 큰 수입을 올릴 때는 이런 일을 두 번 다시 겪지 않았으니 말이다.

그렇다고 해서 내가 그 이후로 비슷한 부류로 보이는 사람들을 아예 상종도 하지 않았다면 어떻게 됐을까? 그랬다면 내 인간관계는 한없이 위축되었을 것이다. 그 일은 단지 그 극단 사장과 매니지먼트 사장의 문제였을 뿐이다. 내가 재수가 없었을 뿐이다. 이럴 때 나는 나를 탓하기보다 차라리 도박사의 오류를 선택한다. '이번에 거지 같은 사람을 만났으니 다음에는 더 좋은 사람이 나타

나겠지'라고 생각해 버리는 것이다. 다만 이때의 뼈저린 실수로 내 생각이 변하기는 했다. 조금이라도 의심스러운 사람이라면 무조건 거른다.

예를 들어 절친한 사이도 아니면서, 급한 용무도 아닌데 밤 10시가 넘는 시간에 전화하는 사람들 말이다. 개그맨들 사이에서의 나는 사기꾼 감별사로 통한다. 이 역시 그들을 만나 멍청한 선택을 했던 과거의 실수가 있었기에 가능한 일이었다. 좋은 사람이든 나쁜 사람이든 많이 만날수록 내게는 이득이다. 좋은 사람이라면 내게 도움을 줄 것이고 나쁜 사람이라면 내가 그로부터 무엇이든 또 배울 테니까. 인간관계에 중독되어 시행착오를 겪어보지 않을 이유가 없다.

지금은 다수의 베스트셀러를 출간한 작가가 된 투자자 김종봉 대표와의 인연도 이런 실수 중독에서 비롯되었다. 그를 만나기 전부터 나는 그가 출연한 유튜브를 구독하고 있었는데, 그가 하는 말들이 너무나도 현실적이고 직설적이라 마음에 들었다. 유료 강의에서나 풀 법한 이야기를 오픈된 유튜브에서 하고 있다는 점이 대단해 보였다. 나는 그가 궁금했다. 내가 출연하고 있는 YTN 경제 프로그램의 PD에게 그를 섭외해 달라고 부탁하기도 했다. 물론 처음에는 정말 단호하게 거절당했다. 공중파에서는 어딘가에 소속되어 있지 않은 사람들, 소위 말해 검증되지 않은 사람들을 섭외하기가 쉽지 않다. 생방송에서 말실수라도 하는 날에는 정말 PD의 입장이 난처해질 수 있기 때문이다. 상황을 이해했지만 나는 계속 부탁했다. 한번 저질러보자고 말이다. 실수해봐야 이슈라도 되지 않겠냐고 말이다. 코로나 이후 한창 투자 시장이 떠오르던 시기였고, 청취자들에게도 새로운 사람의 새로운 이야기가 필요할 것이라고 생각했다. 집요한 설득 끝에 나는 김종봉이라는 투자자를 만날 수 있었다.

생방송은 무탈하게 마무리되었고, 방송이 끝난 후 집으로 가려는 그에게 나는 차 한잔 마시자고 제안했다. 그는 꽤 놀란 눈치였다. 나름 얼굴이 알려진 방송인이 직접 프로그램에 자신을 추천했으며 차까지 마시자고 제안했으니 그럴 만도 했다. 그러나 나는 그와 방송에서는 나눌 수 없었던 이야기를 더 해보고 싶었다. 그렇게 방송이 끝난 후 YTN 건물 1층 스타벅스에서 그와 이야기를 나누기 시작했다. 족히 두 시간은 넘긴 것 같았다. 나는 내 이 야기를 전부 쏟아냈다. 다음 투자에 관한 이야기, 부동산 이야기, 미국 주식 이야기, 거시적인 관점에서 앞으로의 시장 흐름은 어떨지 등 수없이 많은 주제가 오갔다. 그 역 시 본인이 알고 있는 지식과 앞으로의 방향성, 전체적인 시장의 향방에 대해 쏟아냈다. 그의 기차 시간이 다가오 며 이야기가 마무리될 때쯤, 그가 놀라운 제안을 하나 건 넸다.

"책을 한번 내보시면 어때요?"

그 당시 내 이야기를 글로 남겨 대중에게 공개할 용기 가 없던 나에게 그는 많은 이야기를 해주었다. 지금의 이 야기를 글로 적는다면 분명히 좋은 책이 될 수 있을 것이 라는 말까지 더해주었다. 칼럼을 쓰고는 있지만 여전히 책을 쓰는 데는 부담감을 느끼던 내게 그는 똑똑한 친구 를 한 명 소개해 주겠다고 말했다. 그가 바로 나의 첫 번 째 책 『비겁한 돈』의 공동 저자인 제갈현열 작가다.

나는 그 인연으로 무사히 책을 냈고, 인생의 많은 것들 이 또다시 바뀌었다. 누군가를 만나고 이야기 나누는 것 에 관한 나의 끈질긴 구애가 아니었다면 영영 일어나지 않았을 일들이다.

물론 거절당할 수도 있다. 그러나 뭐 어떤가. 일단 시도하면 이렇게 책을 출간하는 일이 일어날 수도 있지 않은가.

세상에는 생각보다 열심히 사는 사람이 별로 없다. 생각보다 도전하는 사람이 없고, 뭔가를 이루려는 사람이 없다. 실수하지 않으려고 아등바등하는 사람 뿐이라는 말이다. 그렇다는 건 내가 조금만 시도한다면 쉽게 성공할 수 있다는 말이기도 하다. 내 주변에도 투자 이야기를 물어보는 사람이 꽤 많은데 아무리 도움이 되는 이야기를 해줘도 실천하는 사람은 1퍼센트 미만이다. "사라는 거야? 말라는 거야?"라는 말만 앵무새처럼 반복한다.

개그도 마찬가지였다. 나는 될 수 있으면 내 노하우를 후배들에게 많이 알려주려고 노력했다. 아이디어 짜는 법부터 개그를 만드는 기승전결을 늘어놓는 법까지 말이다. 무대에서는 어떤 스킬을 써야 하고 공감대는 어떻게 이끌어내야 하는지. 영업비밀을 왜 알려주냐는 사람도 있었다. 그러나 상관없다. 어차피 알려줘도 대다수는 써먹지 않는다. 해보다가도 금방 포기한다. 그래서 이런 방법을 공개하는 것에는 아무런 거리낌이 없다.

후배 한 명이 어떻게 투자로 성공하는지 비법을 물어오길래 이렇게 말해주었다. 투자해서 성공하는 것과 개그 코너 짜는 것은 크게 다르지 않다고. 개그로 성공했을 때만큼의 시간을 써야 한다. 동시에 개그 코너를 짜며 겪었던 시행착오들을 투자하면서도 그대로 겪어야 한다. 대중의 질타를 받고 PD에게 욕을 먹는 아픔만큼이나 많은 실수와 실패를 이 분야에서도 똑같이 겪어야 한다. 그러면서도 우리가 좋은 개그맨이 되기 위해 노력했듯이 이 일역시 실수하고 또 넘어지면서 계속 노력해야 한다. 그렇게 시도하는 것과 실수하는 것에 중독되어야 한다. 사실이다. 세상에 쉬운 일은 없다. 세상에 시행착오 없이 그냥되는 일도 없다. 세상에 실수에 중독되는 과정 없이 초고수의 반열에 오를 수 있는 일도 역시나 없다.

세상에는 생각보다 중독의 단계까지 올라서려는 사람이 없다.

이 말은 생각보다 실수 중독자가 없다는 말이다. 이 얼마나 호재인가. 한 번이라도 더 시도해 보고 실수해 보려는 중독자 천지라면 중독의 깊이와 강도를 가지고 싸워야 하지만 여전히 이 중독의 세계는 블루 오션이다. 정말이지 고급 정보가 넘쳐나는 세상이지만 실행에 옮기는 사람은 1퍼센트뿐이다. 진심으로 당신이 그 1퍼센트가 되길 바란다.

실수를 즐기는 시점에 들어서면 그제야 보인다. 성공은 실수라는 계단에 오르는 싸움이라는 것을 말이다. 그 계단은 보기에 따라 너무 높아 보이기도 한다. 그러나 그 계단 끝에 내가 원하는 모습의 삶이 있다는 것만큼은 확신한다. 본능이 이끄는 대로 걸어가자. 반드시 그 과정의 끝에는 당신이 망상하던 성공의 모습이 있을 것이다.

평소와 다름없던 어느 여름날, 술잔을 기울이며 숱하게 경험한 삶의 실수들과 뼈저린 좌절에 관한 이야기를 나눈 동생이 있다. 언제나 거침없이 일을 해나가는 사람, 특유의 통찰력으로 자신만의 프로세스를 완성하고 그 방식이 필요한 사람들에게 알맞은 방법으로 소개하는 사람이다. 그리고 나는 마침내 그 동생과 함께 성공한 사람들이 반드시 장착한 '세컨더리 마인드'에 관해 정의할 수 있었다.

우리가 그날 밤새워 나눈 이야기가 지금을 살아가는 많은 이들에게 의미 있을 것이라고 생각한다. 각자 그리는 성공의 모습은 다를지언정 우리 모두 결국 성공을 향해 성장해 나가고 싶은 존재니까. 인간은 성공을 갈망하도록 설계된 존재니까. 지금까지 내가 솔직하고 진정성 있는 경험담과 함께 실수가 지닌 가치와 의미에 관해 들려줬다면 이제부터는 나와 세컨더리 마인드에 관한 이야기를 숱하게 해온 동생 제갈현열 작가가 그 숱한 실수와 좌절을 어떻게 활용하면 좋을지 방법론을 소개해 줄 것이다. 우리 안의 두 번째 정신력, 세컨더리 마인드의 존재를 깨달은 당신의 손에 그는 이제 세컨더리 마인드를 마음껏 활용할 수 있게 해줄 도구를 쥐여줄 것이다.

의지의 씨앗이 무럭무럭 자라 커다란 나무가 되기 위해서는

'**호기심**'이 필요하다.

결국은 나만의 호기심과 관심이 가장 중요한 요소다.

진정성 있는 호기심이 발동되어야만 제대로 저지를 수 있다.

호기심 다음으로 중요한 건 '**망상**'이다.

망상은 자주 현실이 되곤 한다.

내가 얼마나 잘살게 될지를 망상해라.

그 망상은 당신을 **이기는 실수**로 이끌 것이다.

내가 무엇 때문에 망할지도 망상해라.

그 망상은 당신이 저지른 실수의 **튼튼한 대비책**이 되어줄 것이다.

먼저 찾아온 시행착오에 늘 '**감사한 마음**'을 갖는 것도 중요하다.

실수에는 **총량**이 있다.

자책과 후회를 그만 떨치고 일어서야 한다.

'**좌절**'이라는 계절을 마주한 나무가 가장 크게 성장할 수 있다.

그렇게 실수를 찾아 헤매는 '**실수 중독**'의 반열까지 들어섰다면

당신은 비로소 성공할 자격을 갖추었다.

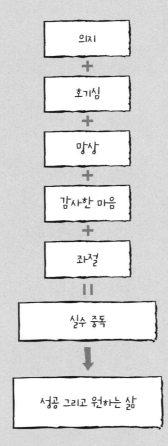

SECONDA

세컨더리 프로세스를 완성하다

| 베스트셀러 작가 제갈현열 |

RY MIND

To. 인생의 변화를 꿈꾸는 당신에게

'나폴레옹은 틀렸다.'

확신에 찬 나의 결론이었다. 홍콩에서 한국으로 돌아
오던 비행기 안에서 내린 결론이었다. 8억 원을 말 한마
디로 날려버리고 돌아오던 길이었다. 그런데도 나는 웃고
있었다. 큰돈을 날린 아쉬움보다 그런 선택을 한 내가 더
자랑스러웠기 때문이다.

전투에서 지고 섬에 유배되며 나폴레옹은 "오늘 내가
겪는 이 치욕은 과거에 저지른 실수들의 결과다"라며 한

탄했다고 하지만 나는 그 말이 틀렸다고 결론 내렸다. 어제의 실수가 오늘의 치욕을 만들지는 않는다. 오히려 실수가 있어서 오늘이 더 빛날 수 있다. 세컨더리 마인드를 가지고 내가 저지른 실수로 제대로 도약할 수만 있다면 말이다. 그날 비행기 안에서 나는 확신했다.

ICO(가상화폐공개, Initial Coin Offering)가 한창 유행했을 시기에 나는 ICO를 준비하던 한 기업을 컨설팅했었다. 혁신적인 기술이 있었던 덕분에 기업의 ICO는 미국과 싱가포르 투자자를 만나며 긍정적인 방향으로 흘러갔고, 최종 투자 협의를 위해 나는 홍콩을 방문했다.

그곳에서 나는 투자자의 실체를 마주했다. 책에서 자세히 설명할 수는 없겠지만 투자자는 위험했고, 투자 목적은 정당하지 않았다. 투자자는 여러 미사여구를 붙여 이 투자의 안전성을 강조했지만 적어도 내 눈에는 상식적이지 않았다.

120억 원. 투자자가 우리에게 제안한 투자 금액이다. 투자자는 본 계약을 위한 사전 계약서를 미리 준비해 왔고 그 자리에서 협상을 완료하길 원했다. 나는 컨설팅하던 기업의 대표를 잠시 따로 불러냈다. 그리고 그에게 이야기했다.

"만약 지금 계약을 진행할 거라면 그 전에 우리 계약부터 먼저 파기했으면 합니다. 지금까지 받은 컨설팅 비용도 모두 돌려드리겠습니다. 컨설팅 비용을 군이 돌려드릴 이유는 없지만 이렇게까지 제안하는 이유는 만약이 일이 진행되었을 때 내가 처음부터 이 프로젝트와 어떠한 관련도 없으며, 이 계약을 통해 어떠한 이익도 챙기지 않았음을 증명하기 위함입니다. 이 투자를 진행할 거라면 저는 이 시간 이후로 더 이상 이 일에 관여하지 않겠습니다."

8억. 이 투자가 성공했을 때 내가 받게 될 보수액이었다. 결코 적지 않은 돈이었지만 이 계약을 포기하기로 한것은 이 일이 나의 이후 신용과 평판에 엄청난 악영향을 미칠 수도 있겠다는 직감 때문이었다. 그리고 신용과 평판은 내가 사업에서 가장 중요하게 여기는 무형 자산이다. 내겐 그 어떠한 이유에서든 포기할 수 없는 가치였다.

다행히 내가 맡아 컨설팅하던 기업의 대표도 그 미팅에서 비슷한 이질감을 느끼고 있었고, 성향도 나와 비슷했다. 우리는 다시 협상 테이블로 돌아가 계약 파기를 선언했다. 나중에 듣게 된 이야기지만 이때의 일로 몇몇 사람은 지금도 나를 욕하고 있다고 한다. 그때 계약을 진행했다면 큰 이익을 얻을 수 있었던 프로젝트의 이해관계자들이다. 하지만 상관없다. 그들이 나를 욕하는 마음도 충분히 이해하기에 원망도 없다. 지금도 나는 이때의 결정이 나의 최선이었음을 의심치 않는다.

그렇게 한국으로 돌아오는 밤 비행기 안에서 모두 잠든 시간에 나는 혼자 생각에 빠졌다. 이런 결정을 망설임 없이 내릴 수 있었던 이유를 찾아보았다.

이유는 확실했다. 과거 미숙한 실수로 신용과 평판을 모두 잃는 경험을 숱하게 해봤기 때문이다. 그 경험들을 통해 신용을 잃는다는 것이 얼마나 큰 손해인지를 뼈아프게 느껴봤기 때문이다. 그 순간 깨달았다.

나는 실수하며 완성되고 있구나.

과거 내가 저질렀던 실수 덕분에 오늘 내가 조금 더 나은 결정을 할 수 있었음을 깨달은 것이다. 과거의 실수 때문에 지금의 치욕을 겪는다는 나폴레옹의 말이 틀렸다는 걸 확신하게 된 순간이었다.

누군가 내게 가장 실패한 인생이 무엇이냐고 묻는다면 아무런 실수도 해보지 않은 인생이라고 답할 것이다. 실수하지 않았다는 건 어떤 시도도 하지 않았다는 뜻이다. 시도하지 않으면 무엇도 바뀌지 않는다. 주어진 인생에서 무엇 하나 바꾸지 못한 채 주어진 만큼 살다 가는 인생이 나는 가장 큰 실패라고 생각한다.

그다음 실패한 인생은 같은 실수를 끊임없이 반복하는 인생이다. 같은 실수를 반복한다는 것은 처음의 실수에서 아무것도 배우지 못했다는 뜻이다. 실수가 과오로만 남은 것이다.

결국 성공한 인생이란 다양한 분야에서 끊임없이 실수하되 같은 실수를 반복하지 않는 인생이다. 실수한다는 것은 무언가 시도한다는 것이다. 그 과정에서 실수는 필연적이다. 그러나 실수에서 배울 수 있다면 그 시행착오는 성공을 향해 가는 비행기의 엔진이자 기름이 된다. 앞서 얘기한 일 말고도 내 삶에는 좌절과 배움을 함께 얻은 수많은 시행착오가 있었다.

◆

어린 시절 내 꿈은 과학자였다. '과학상자 만들기 대회'에 나가 상도 곧잘 받았다. 계속 상을 받다 보니 자신감이 생겼고 과학자의 꿈은 점점 확고해졌다. 그런데 상 받는 것에 집착한 나머지 나는 상을 받았던 기존 방식만을 고집했다. 새로운 시도를 해보거나 기존 방식을 보완하려는 노력은 하지 않았다. 그러다 보니 시간은 흐르는데 내 실력은 그대로였다. 상을 받는 횟수가 줄었고, 나는 재능을 의심하면서 서서히 자신감을 잃어갔다. 실수하지 않기 위해 아무런 시도도 하지 않은 최악의 선택이었다.

이후 군대를 다녀오기 전까지도 나는 늘 같은 실수를 반복하는 인생을 살았다. 이 시기의 나는 말 그대로 '뽀로로'였다. 그야말로 '노는 게 제일 좋았던' 시기다. 고등학교 3년간 야간 자율학습은 단 한 번도 하지 않았고 동성로로 뛰쳐나가 놀기 바빴다.

불현듯 이런 내 삶이 걱정되기도 했다. 늘 함께였던 친구들이 어느 순간 공부를 하기 시작할 때나 누구보다 성실한 학생이었던 친형을 볼 때 그랬지만 나는 같은 실수를 반복했다. 노는 쾌락을 이기지 못한 것이다. 무려 7년이라는 시간 동안 말이다.

그렇게 같은 실수를 반복하는 사이 나는 어느새 지금의 내 선택이 실수인지도 모를 지경에 이르렀다. 다른 이들이 황금기라 부르는 이 시기를 나는 암흑기로 보냈다.

이 시절의 나는 브레이크만 밟느라 액셀에는 채 발도 디디지 못하는 사람이었다.

그러던 스물네 살의 어느 날, 나는 수업 과제로 참여한 광고 공모전에서 입상하게 된다. 그렇게 광고 공부를 시작한 나는 멈출 수 없이 그 세계로 빨려 들어갔다. 잠자는 시간을 제외하고 거의 모든 시간을 광고에 쏟아부었다. 내가 거친 암흑기 덕분이었다.

나는 나아가지 못한 채 멈춰 있을 때의 불쾌감을 너무도 잘 알고 있었다. 놀아볼 만큼 놀아봤기에 더 놀고 싶다는 생각도 들지 않았다. 단지 겨우 시작한 이 일을 이번에는 끝까지 부여잡고 싶다는 마음만 있었다. 그래서 멈출 수 없었고 멈추지 않았다.

광고 공모전에 나가 상을 받을 때마다 마냥 기뻐하기보다는 같은 방식을 고집하지 않기 위해 노력했다. 이 또한 과거의 실수에서 깨달은 방식이다. 늘 기존 방식에서 문제점을 발견하고 다음번에는 이를 보완한 새로운 방식으로 공모전에 도전했다. 늘 새로운 방식이다 보니 수상 확률은 줄어들었을지 몰라도 수상했을 때의 순위는 점점 올라갔다. 기획력이 좋아진 것은 말할 것도 없다.

나중에는 기획서의 질로만 본다면 압도적인 1등이었지만 너무 좋은 기획인 탓에 전문 광고인의 도움을 받았다고 판단되어 2등을 줬다는 심사위원의 심사평까지 들었다. 놀라운 발전이었다. 나 자신에게 부끄럽지 않을 기획력이 생긴 것이다. 당연한 일이었다. 바보가 아닌 이상 그 정도의 시간을 쏟는다면 누구나 그럴 수밖에 없었다.

이 시기에 나는 상을 받았다는 기쁨보다 같은 방식을 고수하지 않고 더 나은 방식을 찾았다는 만족감을 더 크게 느꼈다. 처음으로 내게 실수하고 넘어질수록 강해지

는 세컨더리 마인드가 자라고 있다는 것을 깨달은 순간
이다.

❖

한눈팔지 않고 노력한 결과 나는 이름만 들어도 알만
한 대형 광고 대행사에 신입사원으로 사회생활을 시작했
다. 처음 광고를 시작하며 세웠던 목표를 하나 이루게 된
것이다. 지방대 졸업생은 뽑지 않는다, 영어 성적이 없는
사람은 지원조차 할 수 없다는 기존의 관례를 깨고 나는
내가 원하는 것을 얻었다.

원하던 목표를 성취한 이 경험은 내겐 매우 중요한 분
기점이 되었다. 내 방식이 틀리지 않았다는 걸 확신할 수
있었고, 동시에 앞으로 어떤 방향으로 살아가야 할지를
정할 수 있었다. 이후로 나는 내 삶에 크게 두 가지 방향
성을 정했다.

첫째, 원하는 것이 생긴다면 시도하기를 망설이지 말자.

둘째, 새로운 시도는 언제나 어설픈 순간을 맞이하기 마련이라는

것을 받아들이고 그 순간을 이용해 성장하자.

손흥민도 헛발질하는 것이 일상이었던 시기가 있었을 것이고 김연아도 아이스링크에서 균형을 잡는 것이 고작인 순간이 있었을 것이다.

모든 완숙함은 어설픈 순간을 지나야 비로소 이루어진다.

나는 이 믿음으로 여기까지 성장했다. 새로운 시도를 두려워하지 않았고 시행착오를 기꺼이 받아들였다. 그렇게 집필을 시작하게 되었다.

복수 전공으로 문예창작과를 선택할 만큼 글 쓰는 일은 예전부터 나의 관심사였다. 책을 쓰기에 아직 부족함이 많다는 것을 너무나 잘 알고 있었지만 새로운 시도를 망설이느라 인생을 허비하고 싶지는 않았다. 서른 살, 그렇게 나는 첫 번째 책을 세상에 내놓았다. 그 후로 11년 동안 나는 총 11권의 책을 집필했다. 그리고 그중 8권은 베스트셀러가 되었다. 아마 집필은 내가 앞으로 어떤 새로운 업을 시작하더라도 멈추지 않을 일이 될 것이다.

그 이후에는 광고 기획뿐만 아니라 다양한 분야의 기획을 능히 해낼 수 있는 기획자가 되고 싶었다. 완숙한 기획자가 되기로 마음먹고 집필한 책은 기획 분야 베스트셀러에 올랐고 동시에 나는 경상북도 청년 정책 위원을 역임하며 정부 정책기획에까지 참여해서 다양한 경험을 쌓을 수 있었다. 기획자로 성장하다 보니 경영 컨설팅까지 영역이 확장되었다. 창업 진흥원과 함께 시작했던 '창업 경진대회'의 심사위원을 시작으로 다양한 스타트업의 경영 컨설팅을 경험했고 지금의 나는 컨설팅 회사의 대표이자 회계 컨설팅 전문 기업의 파트너 컨설턴트로서 경영 컨설팅을 하고 있다.

누구나 꿈꾸는 경제적 자유를 이루기 위해 세운 교육 컨설팅 기업에서는 10년째 기획 교육을 해오고 있다. 그러는 동안 서울대학교 NBA 과정을 비롯해 다양한 대학교에서 기획에 관련된 강의를 했다. 삼성과 현대, SKT 등 이름만 들어도 알 만한 굴지의 기업들에서도 기획 교육을 해오고 있다.

최근에는 미국에 작은 콘텐츠 회사를 설립하기로 마음먹었다. 테크 기업으로부터 매력적인 요소 기술을 독점으로 공급받아 판매용 콘텐츠를 서비스하는 사업을 진행하고 있다. 물론 사업은 만만치 않기에 미래의 성공까지 예단할 수는 없다. 그러나 만족할 만한 성과를 이룰 때까지 섣불리 포기하거나 멈추지는 않을 생각이다.

나의 수많은 경험과 시행착오가 일깨워 준 강인한 정신력을 오롯이 느끼는 나는 먼 훗날 엔젤 전문 투자자가 되는 꿈도 꾸고 있다. 빛을 보지 못한 보석 같은 기업을 발굴해 초기 투자를 하고 그 기업의 성장을 돕고 싶다.

그러기 위해서는 기업을 보는 날카로운 관점과 판단력, 분석력, 판을 짤 수 있는 기획력, 무엇보다 사람을 제대로 보는 안목이 필요하다. 그리고 이 모든 건 지금 저지르고 있거나 미래에 저지를 나의 과오를 통해 배우게 될 것이다.

❖

이 모든 것을 가능하게 만든 원동력은 단순하다. 새로운 시도를 망설이지 않는 것, 그 과정에서의 어설픈 순간

들을 두려워하지 않는 것, 순간순간에서 배우고 그러면서 스스로가 강해지고 있다는 사실을 믿는 것. 그것이 지금부터 내가 전할 세컨더리 마인드의 핵심이다.

단순히 나도 했으니 너도 할 수 있다는 식의 이야기를 할 생각은 없다. 나는 권유가 아니라 해석을 해볼 생각이다. 그래서 많은 사람이 세컨더리 마인드에 다가서기 어려웠던 이유를 하나씩 해석하고, 그것을 얻을 수 있게끔 해줄 방법 또한 하나씩 제안할 것이다.

지금까지 황현희 작가가 두려움을 비우고 새로운 시도에 즐겁게 임하며 넘어지고 고꾸라지면서도 강해지는 세컨더리 마인드 그 자체를 소개했다면, 지금부터 내가 시작할 이야기는 시행착오의 가치를 압도적으로 극대화해 세컨더리 마인드를 만드는 프로세스에 관한 이야기다. 왜 당신이 지금껏 실수를 가치 있게 활용하지 못했는지, 실수가 성공의 귀중한 자산이 되기 위해서 당신에게는 어떤 자격이 필요한지, 그 자격을 갖추었을 때 당신의 삶이 어떻게 변화할 수 있는지에 관한 이야기 말이다. 앞으로 나올 이야기가 누구보다 지금의 인생을 바꾸고 싶

은 당신에게 가장 실용적인 방법론이 되어줄 것을 자신
한다.

1장

가치를 만드는 목표의 힘

의미 있는 시도를 위한 세 가지 비밀

실수가 서 말이라도 꿰어야 보배다

아무런 실수도 하지 않았다는 건 아무 시도도 하지 않았다는 말과 다르지 않다. 내가 한 실수에 땅을 치고 후회해 봤다는 건 적어도 무언가를 시도해 봤다는 뜻이다. 시도한다는 것은 복권을 사는 것과 같다. 복권을 구매한 모든 사람이 1등에 당첨되는 것은 아니지만, 분명한 건 1등은 반드시 복권을 구매한 사람 중에 나온다는 사실이다. 무언가를 시도한 모든 사람이 성공하는 것은 아니지만 성공한 사람은 반드시 끊임없이 무언가를 시도한 사람 중에서 나온다. 즉 수많은 시행착오를 경험해 본 사람이 성공한다. 실수해 보는 것이 중요한 가장 큰 이유다. 실수란 성공을 위한 복권과도 같다. 그래서인지 많은 자기계발서가 이 실수의 가치에 대해 늘 강조한다. 실수하는 만큼 성장한다고, 실수하는 것을 두려워 말라고, 실수와 그로 인한 실패는 성공의 어머니라고 말이다. 그러나 나는 여기에도 의문을 제기하고 싶다.

과연 모든 실수는 같은 가치를 지닐까? 모든 실수가 성공을 위한 밑거름이 될까?

강연 시간에 늦어 급히 계단을 내려오다가 발을 헛디뎌 발목을 다친 적이 있다. 심하게 접질려 한 달 정도 고생했다. 그렇다면 이날의 실수가 나의 성공에 도움이 되었을까? 아닐 것이다. 기껏해야 조심성만 길러줬을 것이다. 이것도 성장이라면 성장이겠지만 어딘가 부족하다.

조금 다른 예를 들어보자. 과거 내가 광고회사에 다닐 때의 일이다. 쓸데없이 광고주 앞에서 의견을 냈다가 관련 기획서를 쓰느라 밤을 새워야 했다. 돈도 되지 않는 일에 사서 고생한다고 주변의 핀잔도 많이 들었다. 실수라면 실수다. 직장인의 덕목은 '물 흐르듯 큰 사건 없이 오늘 하루도 무사히'여야 하는데 긁어 부스럼 만든 꼴이니 말이다. 그렇다면 이때의 실수는 나의 성공에 도움이 되었을까?

이 경우는 조금 복잡하다. 만약 내가 단지 직장인으로 안정적인 월급을 받는 것이 목표였다면 이 실수는 내 성공에 아무런 도움도 되지 않을 것이다. 기껏해야 이 실수로부터 '나대지 말자', '함부로 일 벌이지 말자'라는 교훈 정도를 얻었을 것이다. 침묵하는 직장인이 되었을 것이고 튀지 않는 직장 생활을 했을 것이다. 그랬다면 지금쯤 나는 안정적이고 평범한 직장인으로 지내고 있을 것이다.

그러나 이때 나는 퇴사를 생각하고 있었다. 퇴사하고 나서 교육 컨설팅 사업을 할 생각이었고 핵심 분야는 기획이었다. 그래서 핀잔은 들었을지언정 기획서 쓰느라 밤을 새우는 일을 나쁘게만 생각하지는 않았다. 오히려 기획력을 키울 기회라고 생각했다. 퇴사 후 기획 교육을 하게 되었을 때 교육자로서 훌륭한 이력이 될 수 있겠다고 생각한 것이다. 내 기획으로 광고주를 설득하고 부가적인 일까지 따냈으니 성과라면 성과인 셈이었다. 이때의 경험을 기획 교육에서 종종 교재로 써먹었고 좋은 반응을 끌어낼 수 있었다. 어떻게 보면 이때의 실수는 '당시의 나'에게 가치 있는 실수였던 셈이다.

이처럼 하나의 실수에도 전혀 다른 두 가지 해석이 공존한다. 실수를 어떻게 해석하느냐에 따라 그 결과는 완전히 달라진다. 안정적인 직장인으로서는 별 도움이 되지 않을 실수도 교육자로서는 한 걸음 성장하게 하는 실수가 될 수 있다. 무엇이 달랐던 것일까? 나는 여기에 실수의 가치를 결정하는 아주 중요한 단서가 숨어 있다고 생각한다.

실수의 시작이 자기 주도적인가, 그렇지 않은가가 핵심이다.

자기 주도적 실수라는 건 실수를 스스로 의도했는지를 의미하는 게 아니다. 어떤 실수도 의도적일 수는 없다. 아무리 포장한들 실수는 결국 모자람과 어설픔이 빚어낸 사고니까. 여기서 자기 주도적 실수라는 건 이 실수가 자신이 목표에 다가가는 것을 돕는지에 따라 결정된다.

교육 컨설팅 사업을 시작하고 싶었던 내게는 분명한

목표가 있었으니 같은 실수라도 큰 가치를 지닐 수 있었던 것이다. 이쯤에서 실수의 가치를 결정짓는 중요한 공식 하나를 발견할 수 있다.

목표가 있어야 실수에 가치가 생긴다.

세상에 존재하는 모든 것에는 값이 매겨진다. 그리고 그 값은 모두 다르다. 실수 역시 마찬가지다. 모든 실수가 같은 값어치를 지닐 수는 없다. 같은 실수라도 그 값은 조건에 따라 다르다. 그리고 실수를 값지게 만드는 필수 조건은 언제나 목표다.

많은 사람이 실수하고도 배움을 얻지 못하는 것은 태도나 자세가 불량해서가 아니다. 실수를 다시 복기해 볼 여유가 없어서도 아니다. 이유가 없어서다. 실수를 되새김질해 양분으로 삼을 이유가 없는 것이다. 달리 말해 목표가 없는 것이다. 실수를 통해 성장하고자 한다면 바로 이 지점에서 나를 바로 세워야 한다. 분명한 목표부터 세워야 한다.

첫 번째 비밀,
목표가 있어야 시작한다는 착각

무언가를 실행하기 위해서는 실행하는 것이 무엇인지부터 알아야 한다. 정확하게 알수록 실행은 쉬워진다. 우리가 무언가를 행하지 못하는 것은 실천력이나 의지가 부족해서가 아니다. 앎이 부족해서일 가능성이 크다. 그래서 실천력이나 의지력을 키우기 전에 제대로 아는 게 먼저다. 목표 역시 마찬가지다. 당신에게 아직 목표가 없다면 당신은 아직 목표에 대해 제대로 알지 못하고 있을 가능성이 크다. 정확히는 목표의 비밀을 알지 못하고 있을 확률이 높다.

발끈할지 모른다. 잘 알고 있다고 생각할 테니까. 우리는 종종 익숙함과 앎을 착각한다. 익숙하니까 잘 안다고 생각하는 것이다. 이 둘은 완전히 다르다. 오히려 익숙하기 때문에 제대로 알지 못하는 것이 대부분이다. 익숙해진다는 것은 더 이상 자세히 들여다보지 않는다는 뜻이다. 자세히 보지 않게 되면 결국 제대로 알 기회가 생기지 않는다.

중국의 철학자 노자는 난세에 영웅을 외치는 이유는 영웅이 없기 때문이고 세상이 도덕을 부르짖는 이유는 도덕이 없기 때문이라 말했다. 무언가를 간절히 원한다는 것은 그것이 부족하다는 의미다. 많은 연사가 오늘도 목표의 중요성을 강조하는 이유, 많은 사람이 여전히 동기부여 강연을 찾아다니며 그들의 이야기를 경청하는 이유는 목표를 제대로 세운 이가 적기 때문이다. 노자의 말처럼 덕이 충만한 곳에서는 덕을 주장하지 않고 법이 지켜지는 곳에서는 법을 강조하지 않으니 말이다.

당신 역시 목표에 대해 제대로 알게 된다면 얼마든지 당신만의 목표를 확고히 세울 수 있을 것이다. 그래서 지금부터 목표에 대한 몇 가지 비밀을 알려주려고 한다. 목표에 관한 첫 번째 비밀이다.

**목표는 미리 세우는 것이 아니라, 일단 무언가를 시도해 보면 생
겨나는 것이다.**

나는 지금까지 성공한 수많은 사람을 만났다. 전 세계
에서 1등이라는 금메달리스트 수십 명을 인터뷰했고, 컨
설턴트로 다양한 사업에서 성공을 거둔 CEO도 많이 만
났다. 그들에게서 성공의 단서를 찾기 위해 노력하고 스
스로 성공에 관한 고민도 많이 했다. 경험론적 한계가 있
기 때문에 이것이 무조건 정답이라고 장담할 수는 없지
만, 그들과의 만남을 통해 나는 성공한 사람들이 대부분
명확한 목표를 미리 설정하고 행동한 것은 아니라는 사
실을 깨달았다.

오히려 큰 성공을 거둔 사람일수록 처음 자신의 목표
와 성공 이후의 모습에 많은 차이가 있음을 인정했다. 흔
히들 말하는 '눈떠 보니 성공' 혹은 '하다 보니 성공'이었
다. 수백억 원의 수익을 낸 기업의 CEO가 그랬고 최정상
에 선 금메달리스트들이 그랬다.

나 역시 마찬가지다. 지금의 내 모습이 결코 내가 처음부터 목표했던 모습은 아니다. 어쩌다 보니 광고 일을 시작했고, 어쩌다 보니 사업을 시작했으며, 어쩌다 보니 작가, 사업가, 컨설턴트가 되어 있었다. 훗날 내가 완전한 성공을 이루었을 때 나는 결코 지금의 내 모습을 어렸을 적부터 목표했다고 이야기하지 못할 것이다. 그때 내가 할 말은 내가 수없이 들었던 말 그대로 '어쩌다 보니'일 것이다.

그들은 어떻게 목표를 만들었을까? 한마디로 '그냥'의 힘이다.

쉽게 말해 목표를 설정하고 시작한 것이 아니라, 일단 시작하고 나니 자연스럽게 목표가 생겼다는 뜻이다. 내가 만난 사업가들도 처음부터 확고한 목표가 있던 경우보다 우연히 혹은 별거 아닌 계기를 만나 시작을 먼저 하고 목표가 생긴 경우가 많았다. 회사에서 이런저런 경험치를 얻어 내 일을 해보고 싶다는 생각까지 하게 된 경우나 대학교 때 취업을 위한 스펙 정도로 가볍게 시작한 창업 공모전에서 수상하면서 사업을 시작한 경우 말이다.

내가 취재한 대부분의 금메달리스트 역시 처음 운동을 시작한 계기는 스스로 설정한 목표가 아닌 주변의 권유였다. 어찌 보면 당연하다. 우리나라에서 운동을 시작하는 시기는 정말 어린데, 열 살 남짓한 나이에 확고한 목표가 있다는 것은 말이 안 된다. 부모님이나 학교 선생님의 권유로 시작한 운동이지만 수많은 시간과 정성이 들어가며 금메달리스트라는 결과에 도달한 것이다. 그들에게 금메달이라는 목표는 처음부터 주어진 것이 아니었다. 다만 하다 보니 어쩌다 생긴 것이었다.

물론 처음부터 확고한 목표를 먼저 세우고 운동이나 사업을 시작하는 사람들이 전혀 없는 건 아니었다. 다만 비율의 문제다. 목표를 정하고 행동한 사람보다 행동하면서 목표가 정해진 사람의 비율이 더 높았다.

당신은 어떠한지가 궁금하다. 당신은 지금껏 목표에 관해 어떤 생각을 해왔을까? 성공한 모든 사람이 처음부터 자기만의 확고한 목표가 있었으리라 생각했을까? 흔들리지 않는 목표에 신념을 더해 묵묵히 걸어왔기에 그들이 비로소 성공할 수 있었다고 생각했을까? 그래서 그들이 처음부터 당신과는 다른 '난사람'이라고 선을 긋진 않았을까? 만약 뜨끔했다면 그 생각부터 바꿔야 한다. 대부분은 그렇지 않았다. 지금의 당신이나 과거의 나나 성공한 그들이나 다르지 않았다. 우리는 목표를 세우는 것이 모든 일의 시작이라는 생각에 지나치게 사로잡혀 있다. 이 생각은 목표가 세워지지 않으면 행동할 수 없을 것이라는 결론으로 자연스럽게 이어진다. 가야 할 방향을 정하지 않았는데 어떻게 움직일 수 있겠냐는 식이다. 이 생각부터 새롭게 고쳐먹어야 한다.

우리는 어디로 갈지 정하고 움직이는 것이 아니라, 어디로 갈지 정하기 위해 움직여야 한다.

그래서 목표를 세울 때 추천하는 첫 번째 방법은 '그냥' 해보는 것이다. 머리가 아니라 두 다리로 시작하는 것이다. '일단'이라는 마음을 가져야 한다. 일단 하고 나면 흐릿하던 것들이 또렷해질 것이다. 행동했기에 깨닫게 되는 것들이 있다. 최소한 이 시도가 내게 맞는지 아닌지 정도는 알 수 있다. 전자가 목표가 된다면 후자는 경험이 될 것이다. 그 어떤 것도 가치가 있다.

대학교 시절 내가 처음 선택한 전공은 건축공학이었다. 이유는 딱히 없었다. 그냥 인테리어를 해보면 어떨까 하고 생각한 게 다였다. 그렇게 잠깐이나마 건축공학을 경험해 보고 이건 내 길이 아니라 생각했다. 학교를 그만두었고 다시 수능을 봐 이번에는 광고홍보학을 선택했다. 역시 이유는 없었다. 그냥 광고홍보학이 재미있을 것 같아서였다. 그러다 우연히 접하게 된 공모전에서 운 좋게 수상을 했고 그 경험이 나를 흥분시켰다. 더 많은 상을 받고 싶었고, 자연스럽게 더 많은 공모전에 참여하며 광고의 세계를 조금씩 알아갔다. 그렇게 걸어가다 보니 광고 기획자라는 목표가 생겼다. 처음부터 광고 기획자를 목표로 삼은 것은 아니었다. 일단 시작하고 보니 목표가 나타난 것이다. 그 이후로도 마찬가지였다.

내 삶에서 대부분의 목표는 처음부터 정한 것이 아니라 하다 보니 정해진 것이었다.

그럼 일단 해보기 위해서는 무엇이 필요할까? '욕망'이 필요하다. 구체적이지는 않지만, 명확하지는 않지만, 무

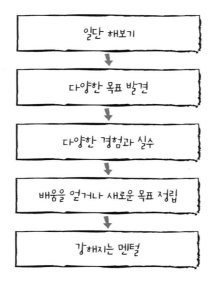

어라 정의 내릴 순 없지만 지금 이 순간 막연히 내가 원하는 어떤 모습, 거기에 담긴 욕망 말이다.

목표가 없는 사람은 있어도 욕망이 없는 사람은 없다. 약하냐 강하냐 정도의 차이일 것이다. 모든 사람의 마음속에는 욕망이 있다. 배고프지 않았으면 하는 생존의 욕망이든, 좀 더 많은 사람이 날 좋아했으면 하는 인정의 욕망이든, 지금의 나보다 조금이라도 더 나아지고 싶다는 발전의 욕망이든 말이다. 그 욕망을 솔직하게 마주해야 한다.

그러고 나면 당장 내가 해야 하는 일이 선명해진다. 생존의 욕망을 위해 구직 사이트를 뒤지며 아르바이트를 시작하거나 조금이라도 멀끔해진 나를 위해 패션에 관심을 갖기 시작하는 것들 말이다. 바로 그 행동으로부터 모든 것은 시작된다. 미처 깨닫지 못했던 나의 목표가 만들어지는 것이다.

나 역시 마찬가지였다. 처음 선택했던 인테리어 디자이너도, 그다음 선택한 광고 기획자도, 작가도, 사업가도, 다른 사람 눈에는 전혀 접점이 없는 것처럼 보이겠지만 거기에는 모두 공통된 나의 욕망이 있었다. '새로운 것을 만들고 싶다는 욕망'이 그것이다. 사람들은 내가 다양한 삶을 선택해 왔다고 생각할 수도 있지만 사실 나는 늘 하나만을 좇았다. 욕망 말이다.

만약 자신에게 그런 욕망이 조금도 없다고 생각하는 사람이 있다면 지금 당장 '내가 할 수 있는 일' 혹은 '내가 잘할 수 있는 일'을 시작해야 한다. 할 수 있는 일에 최선을 다해야 한다. 잘할 수 있는 일을 시작했다면 그 일을 더 잘할 방법을 고민해야 한다.

감히 확신하건대 그러는 사이 욕망과 목표는 만들어질 것이다. 그래서 내가 어디로 가고 싶은지, 무엇이 되고 싶은지, 어떠한 삶을 살고 싶은지가 분명해질 것이다. 행동으로부터 만들어지는 무언가는 목표를 위한 소중한 씨앗이 된다. 목표의 첫 번째 비밀을 반드시 기억하자. 목표는 머리로 먼저 정하는 것이 아니라 일단 시작해 보는 행동으로부터 만들어진다는 것을.

두 번째 비밀,
'이루고 싶은 것'이 아니라
'이룰 수 있는 것'

내가 『최후의 몰입』(쌤앤파커스, 2018)이라는 책을 집필했을 때의 일이다. 이 책은 세계 최고라고 할 수 있는 금메달리스트 33명을 만나 집중하고 몰입하는 사람들의 비밀을 밝혀낸 책이다. 인터뷰 과정에서 나는 대중에게 알려진 금메달리스트의 이미지와 그들의 진짜 모습 사이에서 엄청난 괴리를 경험했다. 물론 좋은 쪽으로 말이다.

가장 인상 깊었던 것 중 하나는 그들이 목표를 세우는 방식이었다. 흔히들 금메달리스트라면 처음 운동을 시작하는 순간부터 금메달이 목표였을 거라 생각한다. 나도 그렇게 생각했다. 금메달을 딴 직후 쏟아진 기사들이 그렇게 말했고 그들을 모티브로 한 수많은 영화나 소설 속 주인공들 역시 그러했으니까.

그러나 내가 인터뷰한 33명의 금메달리스트 중 처음 운동을 시작할 때부터 금메달을 목표로 한 사람은 단 두 명에 불과했다. 놀라웠다. 우리와는 완전히 달라 마치 초인과도 같았던 그들조차도 처음부터 금메달을 따겠다는 목표를 세우지는 않았던 것이다.

더 흥미로웠던 사실은 금메달리스트들에게 '국가 대표 선수 중 이 사람은 진짜 천재다!'라고 느꼈던 사람이 있는지 질문했을 때 33명 모두가 바로 이 두 사람을 선택했다는 점이다. 처음부터 자신의 목표가 금메달이었다고 말한 그 두 명 말이다. 31명에게 지목당한 그 두 명조차도 천재라 생각하는 사람으로 자신들을 골랐다.

다르게 말해, 천재적 재능을 타고나 처음부터 자신이 최고라는 사실을 의심하지 않는 사람, 주변 사람들도 그 천재성을 모두 인정하는 사람만이 처음부터 금메달을 목표로 했다는 말이다. 그렇다면 나머지 31명에게 금메달은 어떻게 생겨난 목표였을까?

그들에게 금메달이란 '처음부터'가 아니라 '점차'였다.

이들이 금메달리스트가 되는 과정은 비슷했다. 우연한 계기로 운동을 시작하고, 계속하다 보니 처음 시작한 소규모 그룹에서 자신이 가장 잘한다는 것을 알게 된다. 그러다 보니 학교에서 1등을 하고, 그 뒤 지역 대회에서 다시 1등을 한다. 전국 대회를 거쳐 아시안 게임에 진출하여 성과를 얻고 마지막은 올림픽에서 금메달을 따게 되는 루트다. 대부분이 이 과정을 거쳐 금메달리스트가 되었다. 그런 그들의 목표는 자신의 위치에 따라 점차 달라졌다.

조금씩 차이는 있을 수 있지만, 대부분이 이런 순서로 자신의 목표를 수정하며 금메달까지 도달했다. 특히나 흥미로운 것은 그들이 이런 식으로 목표를 설정한 이유였다. 그들이 겸손해서도, 누군가 단계별 목표를 잡으라고 알려줘서도 아니었다. 단지 그 목표가 '눈앞에 보였기 때문'이었다.

신이 주신 재능에 지옥 같은 노력을 거쳐 세계 최고의 자리에 오른 금메달리스트조차 최초의 목표는 보이지 않는 '이상'이 아니라 '눈앞의 무언가'였다.

'이루고 싶은 것'이 아니라 '이룰 수 있는 것'에 그들은 집중했다.

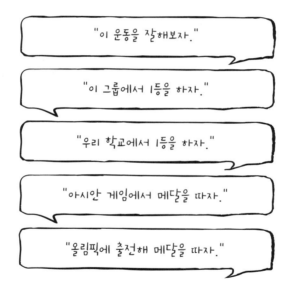

이것이 목표에 관한 우리의 고정관념 중 하나를 뒤흔들 두 번째 비밀이다. 흔히들 목표에 대해 이렇게 이야기

한다. 가능한 한 크게 잡을 것, 자신이 정말 원하는 것으로 정할 것.

나 역시도 한때는 이것을 강조했다. 강연장의 청춘들에게 늘 이야기했다. 저 하늘의 별을 향해 손을 뻗으라고, 그 별이 손에 닿는 건 불가능하더라도 손이 하늘로 향해 있는 동안에는 손에 진흙탕 물이 튀지 않을 거라고.

이것도 완전히 틀린 말은 아니지만, 요즘 나는 과거의 내가 혹여나 잘못된 조언을 해준 것은 아닌가 하는 생각에 사로잡힐 때가 있다. 저 하늘에 손을 뻗은 많은 사람이 스스로 무너져 내리는 것을 수없이 봐왔기 때문이다.

과연 목표는 정말 클수록 좋은 걸까? 지금의 나는 그렇게 생각하지 않는다. 오히려 목표가 컸기에 현재 상황에 만족하지 못하고 섣불리 승부수를 내다 큰 실패를 보는 경우가 많다고 생각한다. 목표가 컸기에 당장 눈앞의 작은 성공에 자신감을 얻지 못하고 되레 자신이 부족했다고 책망하며 무너지는 경우를 많이 봐왔다. 나는 이런 경우를 '목표에 짓눌렸다'라고 표현한다. 뭐든지 할 기회를 날려버리는 것이다. 뭐든지 될 수 있는 사람이 아무것도 되지 못하는 것이다.

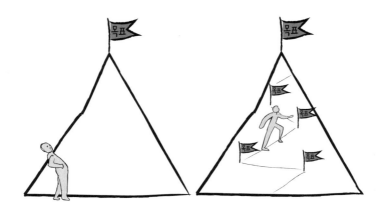

　지금 당신에게 이미 목표가 있다면 그 목표를 다시 곱씹어 보자. 혹여나 그 목표가 당신을 짓누르고 있진 않은지 생각해 봐야 한다. 만약 아직 목표가 없다면 차라리 잘된 걸지도 모른다. 목표는 남에게 자랑할 만한 것이 아니라 스스로가 감당할 수 있는 것이어야 한다. 어떤 사람의 목표는 너무나 작고 초라해 누군가에게 말하기 민망할지도 모른다. 상관없다. 그 목표가 언젠가 이룰 수 있는 목표라면 스스로를 짓누르는 목표보다 훨씬 가치 있다. 누군가에게 말하지 않아도 괜찮다. 가슴에 품고 혼자서만 꺼내 봐도 상관없다.

목표는 당신이 밟고 일어서야 하는 것이다. 당신이 목표에 짓밟혀서는 안 된다.

세 번째 비밀,
달성하는 일에 발목 잡히지 말 것

　　사업에서 가장 중요한 게 뭐냐는 질문을 대표님들에게 받고는 한다. 질문받기를 좋아하는 나로서도 이 질문은 꽤 까다롭다. 언뜻 보기에는 단순한 질문이지만 답변에는 컨설턴트로서의 시각이, 사업가로서 나의 방향이 담겨야 하기 때문이다. 처음 사업을 시작하고 지금까지 이 질문에 대한 나의 첫 번째 대답은 한결같다. '사람이 만사다.' 사업을 할 때 가장 큰 위기도, 가장 큰 기회도 결국 사람으로부터 시작되기 때문이다.

　　이 대답을 듣고 대부분의 대표님은 고개를 끄덕인다.

사업을 해본 이들이라면 사람에 대한 온갖 경험을 몸서리쳐질 만큼 했을 테니 말이다. 그러나 사람이 중요하다는 대답은 지나치게 정석적인 대답이기도 하다. 그래서인지 내 답변을 들은 그들은 꼭 그다음으로 중요한 것이 무엇인지를 묻는다. 그럴 때마다 나의 대답은 나의 성장 정도에 따라 조금씩 달라졌다. 요즘 나는 이렇게 답한다.

> **"제품과 시장 중에는 시장이, 계획과 대응 중에는 대응이 더 중요함을 늘 명심하는 것."**

이것이 나의 대답이자 사업 철학이다. 시장을 이기는 제품은 흔하지 않다. 아무리 기발한 아이디어도, 아무리 획기적인 상품도 그것을 소비할 시장이 만들어지지 않았다면 성공할 가능성은 적다. 오히려 실컷 시장을 개척하는 데 온 힘을 쓰고 거대 자본을 가진 후발주자에 그 열매를 오롯이 넘겨줄 가능성이 크다. 그래서 소자본 스타트업의 경우 자사 제품에 대한 맹신보다 시장에 대한 정확한 분석이 먼저다.

또 모든 사업은 계획을 세우고 전개되지만, 유기적인

생물과도 같아서 계획대로 이루어지는 일이 흔하지는 않다. 오히려 계획대로 흘러가는 일이라면 그만큼 위험한 경우도 많다. 베트남전에 참전한 미 해병대에 이런 격언이 있다. '전투가 지나치게 예상대로 흘러간다는 것은 위험에 빠졌다는 결정적 신호다.' 따라서 계획을 어떻게든 실천하겠다는 마음보다 계획은 어디까지나 계획일 뿐 변화하는 여러 상황에 즉각적으로 대응하겠다는 마음으로 사업에 임하는 것이 생존 확률을 높일 수 있다.

목표를 정할 때도 '시장'과 '대응'은 무척 중요하다. 목표를 정할 때 '시장'이란 목표를 둘러싸고 있는 주변 환경을 의미한다. 개인의 목표가 오롯이 개인에게 달린 경우는 흔하지 않다. 특히나 성공과 관련된 목표라면 더욱 그렇다. 가령 장사를 시작해서 월 매출 1억 원을 달성하겠다는 목표를 세운다고 생각해 보자. 이때는 불경기 혹은 코로나와 같은 외부 상황이 목표에 큰 영향을 미친다. 이런 외부 요인이 주변 환경인 것이다. 이때 시장을 역행할 수 없음을 인정하지 않고 처음 목표만 고집한다면 그 시도는 실패로 끝날 가능성이 크다. 목표를 달성하지 못하면 자신감은 떨어지고 스스로에 대한 의심은 커질 수밖에 없다. 시장을 인정하지 않는 목표가 되레 독이 되는 경우다. 이럴 때는 자신의 목표가 환경과 밀접하게 연관되어 있음을 인정하고 자신을 책망하기보다는 환경 변화에 따른 지속적인 수정을 거치는 것이 성공으로 가는 지름길이다.

목표를 정할 때 '대응'의 영역은 '시장'의 가치보다 훨씬 중요하다. 여기에 목표의 세 번째 비밀이 숨어 있다.

목표는 언제든지 새로운 목표로 전환될 수 있다.

앞서 이야기한 것처럼 대학교 시절 나의 첫 전공은 건축공학이었다. 그다음은 미디어영상학과, 마지막은 광고홍보학이었다. 나는 원하는 대로 광고 대행사에 취업했지만 퇴사해 교육 컨설팅이라는 새로운 분야를 목표로 삼았다. 지금 나는 콘텐츠 회사를 운영하며 교육 컨설팅이 아닌 경영 컨설팅을 하고 있고, 총 11권의 책을 집필했다.

시카고대학교의 석좌 교수이자 세계적인 행동과학자인 아옐릿 피시배크(Ayelet Fishbach)가 이런 나의 삶을 봤다면 뭐라고 말했을까? 한번 정한 목표는 반드시 이루어야 한다고 주장하는 그의 눈에 내 삶은 실패한 삶 혹은 줏대 없는 삶으로 보일지도 모르겠다.

많은 이들이 그의 주장처럼 목표는 반드시 이루어야 하며 일관성을 유지해야 한다고 주장한다. 그들의 주장 역시 근거와 가치가 있겠지만 나는 동의하지 않는다. 나는 오히려 목표를 향해 나아가는 중에 발견하게 되는 수많은 가능성을 무시하지 말아야 한다고 생각한다. 언제든 목표가 수정될 수 있음을 인정하라는 것이다. 처음 정한 목표를 석판에 새긴 율법처럼 신성하게 여기고 절대시하지 말라는 말이다. 물론 그렇다고 매 순간 목표를 마음 내키는 대로 바꾸라는 뜻은 아니다. 여기에는 중요한 대전제가 하나 있다.

처음 설정한 목표에 도달하기 위해 시간과 정성을 쓰고, 그만큼 성장할 것.

과학자를 목표로 삼았던 학창 시절 나는 수많은 과학 경진대회에 나갔다. 그리고 적지 않은 수상을 했다. 이 과정에서 내가 깨달은 것은 나는 과학 공식보다 실제로 무언가를 만들어내는 일에 더 강한 흥미를 느낀다는 것이었다. 만약 과학자를 목표로 정하고 아무런 노력도 하지 않았다면, 그래서 내가 성장하지 않았다면 나는 내가 무엇을 좋아하는지, 무엇이 나와 잘 맞는지 영원히 깨닫지 못했을 것이다.

새로운 뭔가를 만들기를 좋아하던 나는 광고홍보학과에 다니면서 100여 번의 공모전에 도전했고 운이 좋아 수십 차례 수상했다. 장관상을 세 번 받았고 가장 오래되고 큰 규모의 광고제에서 2년 연속 대상을 받기도 했다. 이 과정에서 나는 내가 광고를 좋아하는 것만큼이나 새로운 이야기를 만들어내는 것도 좋아한다는 사실을 깨달았다. 이 역시 수많은 공모전에 도전하며 성장해 왔기 때문에 알게 된 것이다. 만약 그 시절 목표를 정하고 노력은 기울이지 않았다면 나는 끝내 지금의 내가 무엇을 좋아하는지 알지 못했을 것이다.

광고회사에 입사한 그해, 나는 내가 좋아하는 '새로운 이야기 만들기'를 바로 시작했다. 그 결과물이 나의 첫 번째 책이다. 다행히 책이 많은 사랑을 받아 강연 요청을 하는 곳도 많아졌다. 그렇게 강연을 다니다 보니, 내가 누군가에게 내 경험을 말로 전달하는 것을 좋아하며 꽤 잘하기도 한다는 것을 깨달았다. 심지어 광고라는 매개체를 통하지 않고 내가 직접 메시지를 전달하는 일에 더 큰 매력을 느끼고 있다는 사실도 발견했다.

그길로 미련 없이 광고회사를 그만두었고 교육 컨설팅을 시작했다. 교육 컨설팅 일을 시작하고 다양한 교육을 해보면서 내가 기획 교육에 가장 큰 흥미를 느낀다는 사실을 깨달았고 기획에 관련된 책도 집필했다. 여기서 조금 더 기획과 관련된 일을 찾다 보니 지금은 경영 컨설팅의 영역에 발을 담그고 있다. 경영 컨설팅을 하며 다양한 사업을 간접적으로 접할 수 있었고 사업의 매력을 크게 느꼈다. 그렇게 나는 사업도 시작했다.

이렇게 내 삶을 돌아보니 나는 어떠한 목표가 생겼을 때 그 목표를 이룬 적도 있지만, 그 목표를 이루는 과정에서 새로운 목표를 발견한 경우가 더 많았다. 이 모든 과정이 가능했던 이유는 처음 정한 목표를 이루기 위해 노력했기 때문이다. 만약 목표만 가진 채 아무것도 시도하지 않았다면 몰랐을 것이다. 내가 무엇을 좋아하는지, 그래서 내가 무엇을 더 할 수 있는지를 말이다. 시간과 정성을 쏟았기에 알게 된 것이다. 정확히는 발견하게 된 것이다.

200만 구독자를 보유한 경제 유튜브 「김작가 TV」로 유명한 김도윤 작가와는 오랜 지인 사이다. 그래서 나는 그의 처음을 알고 있다. 처음 유튜브를 시작할 때 그는 경제 유튜브를 목표로 삼지 않았다. 동기부여 및 지식 전달 전문 채널이 애초의 방향이었다. 그러는 사이 코로나가 터지고 모두가 알고 있는 유동성의 황금기를 맞이하게 된다.

그 결과 많은 사람이 경제와 투자에 관심을 가지기 시작했고, 그가 올린 영상 중 투자 관련 영상이 큰 조회 수를 기록하기 시작한다. 이후 그는 채널의 방향을 바꿨다. 기존의 지식 전달 채널에서 경제 지식 전달 채널로 말이다. 그렇게 200만 구독자를 가진 거대 경제 전문 채널을 완성할 수 있었던 것이다. 이 사례에서도 시장(환경)과 대응의 영역은 빛을 발했다. 그는 코로나 팬데믹이라는 상황의 변화에 기민하게 반응했고, 시장이 원하는 화두에 적절하게 대응한 것이다. 물론 그가 그동안 쏟은 시간과

정성이 큰 역할을 했다. 적게는 이틀에 한 개, 많게는 하루에 두 개 이상의 인터뷰 영상을 지속적으로 올리며 시장의 반응을 실시간으로 분석한 시간과 정성 말이다. 만약 그런 과정이 없었다면 시장이 무엇에 반응하는지, 자신이 어떤 영상을 좀 더 집중적으로 올려야 하는지 깨닫기까지 오랜 시간이 걸렸을 것이다. 어쩌면 끝내 깨닫지 못했을지도 모른다.

목표에 노력을 더하다 보면 우리는 반드시 성장한다. 그 성장은 우리의 능력치를 올려줄 뿐만 아니라 시야 역시 넓혀준다. 전에 보지 못했던 많은 것들이 보이기 시작하는 것이다. 그러다 어느 순간 깨닫게 된다.

나와 목표 사이에 놓인 그 길이 직선이 아니라는 것 말이다. 그 둘 사이에는 수많은 갈림길이 있다.

그 갈림길의 이름은 '가능성'이다. 오직 목표를 세우고 그 길을 꾸준히 걸어본 사람만이 가능성의 갈림길과 마주할 수 있다. 그 갈림길 앞에서의 선택으로 지금의 성공을 이룬 많은 이들이 존재함을 기억해야 한다. 당신 역시 마찬가지다. 당신이 세운 목표에 따라 성장할 때마다 달라지는 다양한 가능성에 기민하게 대응해야 한다.

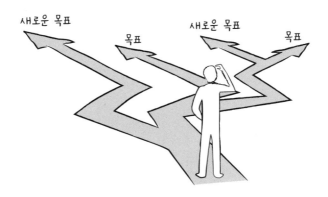

이 이야기를 읽은 당신의 생각이 궁금하다. 많은 사람이 목표란 이루기 위해 존재하는 것이고, 이루었을 때 비로소 가치가 있다고 생각한다. 당신도 여전히 그 생각에 동의할까? 그래서 목표를 달성하지 못했을 때마다 자괴감에 몸부림치고 있을까? 이 글을 읽고 조금이라도 생각이 바뀌었기를 바란다. 자신의 목표를 바라보는 데 조금의 여유가 생겼기를 바란다.

목표란 반드시 이루기 위해 존재하는 것이 아닐 수도

있다. 오히려 새로운 무언가를 발견하기 위해 존재하는 것일지도 모른다. 목표를 향해 걸어가는 발걸음이 비록 더디거나 주춤거리더라도 괜찮다. 그 발걸음이 언젠가는 의미 있는 목표를 발견해 낼지도 모를 일이다. 우리를 다음 단계로 끌어 올려줄 바로 그 가능성 말이다.

성공은 머리로 시작해서
발끝에서 완성된다

운전 실력을 '기량(器量)'이라고 표현하는 이유에 대해 생각해 본 적이 있다. 답은 단순했다. 운전은 결코 머릿속에서 완성되는 것이 아니기 때문이다. 아무리 방대한 운전 지식이 있다고 하더라도 지식만으로 운전을 잘할 수 있는 사람은 없다. 운전면허 필기시험을 100점 맞고도 기능 시험이나 도로 주행에서 탈락하는 사람이 많은 이유기도 하다. 운전은 지식이 아니라 경험을 바탕으로 완성된다. 그리고 기량이라는 것은 놀랍게도 한번 익히면 시간이 지나도 크게 떨어지지 않는다. 마치 한번 자전거 타는 법을 배우고 나면 아무리 애써도 자전거를 처음 배울 때의 흔들림을 흉내 낼 수 없는 것처럼 말이다.

앞서 목표에 대해 적지 않은 지면을 할애했다. 세컨더리 마인드를 깨워 성공으로 나아가기 위해서는 목표가 그만큼 중요하기 때문이다. 이제 목표에 관한 긴 이야기를 마무리 짓고자 한다. 그 전에 앞서 말했던 목표의 세 가지 비밀을 요약하면 다음과 같다.

첫째, 목표는 먼저 설정하는 것이 아니라 행동한 뒤 깨닫게 되는 것이다.

둘째, 목표에 내가 잡아먹히지 말아야 한다.

셋째, 목표는 달성하는 것 이상으로 발견하는 것에 가치가 있다.

여기까지의 이야기를 참고해 내게 맞는 목표를 찾았다면 지금부터는 생각하기를 그만둬라. 지금부터는 머리가 아니라 두 발의 영역이다.

이제 당신에게는 비로소 실수할 자격이 생겼다. 실수

를 성공의 양분으로 삼을 자격, 실수를 돌이켜 보며 배우는 힘을 얻은 것이다. 귀에 딱지가 앉도록 들었던 실수가 '성공의 어머니'가 될 수 있는 환경을 만든 것이다.

첫 책을 내겠다는 목표를 세운 후 나의 가장 큰 실수는 책을 쓰는 것과 글을 쓰는 게 완전히 다르다는 사실을 몰랐던 것이다. 워드 파일을 기준으로 최소한 A4 용지 80장을 채워야 한 권 분량의 책이 나온다는 것조차 몰랐다.

그걸 모르고 무작정 글을 쓰다 보니 10장 내외를 쓰고 나니 더 할 말이 없어졌다. 그 10장에 내가 하고 싶은 이야기를 모두 집어넣었기 때문이다. 그렇게 나의 첫 책을 향한 발걸음은 대학생 리포트를 완성해 버리는 실수로 시작되었다. 그러나 그 실수 덕분에 목차와 구성의 중요성을 배울 수 있었다. 지금도 그때 실수를 통해 배운 방식으로 책을 집필한다. 목차와 구성을 미리 기획하고, 각 목차에 맞는 글의 양도 대략 계산할 수 있게 된 것이다. 그 이후로 11권의 책을 집필하는 동안 단 한 번도 분량이 부족하거나 넘치는 문제를 겪은 적이 없다. 나에게 '집필 기량'이 생긴 것이다.

처음 교육 컨설팅을 시작할 때도 당연히 실수가 있었

다. 복장을 전혀 신경 쓰지 못한 것이다. 자유로운 성격과 광고 업계에 몸담았던 이력 탓이었다. 나는 강연을 나갈 때 복장에 대해서는 전혀 신경 쓰지 않았다. 그 결과, 복장만 보고 강연을 아예 듣지 않은 사람들이 나의 강사 자질에 대해 의심하는 피드백을 쏟아냈다.

처음에는 그런 피드백을 한 사람들을 원망하기도 했다. 고리타분하고 형식만 중요하게 여기는 못난 사람들이라 생각했다. 그러나 이내 생각을 고쳐먹었다. 보여주고 싶은 것을 보여줄 권리가 있는 것처럼 보기 싫은 것을 보지 않을 권리도 있다고 생각했다. 대가를 받고 하는 일인 이상, 프로가 된 이상 나의 복장은 언제든 그들이 피드백할 수 있는 영역이라는 생각을 하게 된 것이다.

다만, 나 나름의 고집 아닌 고집이 있어 그때 다짐했다. 언젠가 복장 따위 생각도 나지 않을 만큼 완벽한 강연을 할 자신감이 생긴다면 그때는 다시 자유롭게 옷을 입겠다고 말이다. 그때의 실수 덕분에 나는 강연을 나갈 때면 평소보다는 조금 더 옷에 신경 쓰게 되었다. 그뿐만 아니라 복장으로부터 자유로울 그 언젠가를 맞이하기 위해 매 순간 노력하게 되었다.

남들이 보기에 어떨지는 모르지만 스스로 돌아봤을 때 그 이후로 나의 강연 실력은 확연히 늘었다고 확신한다. 그렇게 나는 '강연 기량'을 쌓을 수 있었다.

경영 컨설팅을 시작하며 처음 저질렀던 실수는 가르친다는 마음을 품은 것이었다. 감히 내가 말이다. 부족하고 모자라니까 나를 찾아왔을 거라며, 그래서 내가 잘 알려주고 가르쳐줘야 한다고 생각했다. 내 삶을 통틀어 가장 어리석은 실수 중 하나였다.

경영자의 경험이 지닌 가치를 미처 생각하지 못한 것이다. 어떤 면에서는 나보다 그들에게 월등한 경험치가 있음을 깨닫지 못하고 어쭙잖은 지식으로 우월감을 느꼈던 시기였다. 평생 장사만 한 대표의 장사 철학이 내가 읽고 공부한 100권의 마케팅 서적보다 훌륭하다는 것을 그땐 알지 못했다. 그때의 뼈아픈 실수로 훌륭한 대표님들에게 더 많은 것을 배울 기회를 놓치긴 했지만, 그때의 실수 덕분에 컨설턴트란 알려주는 존재가 아니라 경청하며 시선을 맞추고 함께 고민하는 사람임을 깨닫게 되었다. 이것을 깨달은 뒤부터 사람들의 컨설팅 만족도가 꽤 올라갔음을 느낄 수 있었다. 나에게 '컨설팅 기량'이 생긴 것이다.

나는 실수 뒤에 '때문에'라는 표현을 붙이지 않는다. 실수는 언제나 '덕분에'여야 한다.

그 외에도 나에겐 작고 다양한 목표들이 있다. 목표를 향해 달려가는 동안에는 최대한 빨리 실수하기 위해서 노력한다. 실수야말로 목표를 이루기 위한 가장 빠른 지름길이라는 걸 이제는 알기 때문이다. 그래서 별다른 시행착오 없이 목표한 방향대로 일이 흘러갈 때면 오히려 불안하다. 단단히 착각하고 엉뚱한 곳으로 가고 있는 건 아닐까 하는 불안감이 드는 것이다. 그게 아니라면 지금까지 다른 목표를 이루기 위해 써왔던 방법을 그대로 써먹으면서 가고 있는 건 아닌가 하는 불안감도 든다. 만약 그런 거라면 정작 나는 아무런 발전도 하지 못할 테니 말이다.

나는 매 순간 목표하고 매 순간 실수한다. 덕분에 매

순간 더 나은 사람이 되고 있다. 내가 원하는 최종 지점까지는 여전히 한참 남았지만, 이제는 확신한다. 실수할 자격을 갖춘다면, 실수할 두 발과 다리가 있다면, 지금의 내 마음이 변하지 않는다면 결국은 내가 원하는 성공에 도착하게 될 것이라는 사실을 말이다. 그렇게 쌓아가는 나의 '기량'들은 결코 나를 배신하지 않을 것이라는 걸 나는 확신한다.

당신에게도 당신만의 목표가 생기기를 바란다. 내가 그러했듯이 실수라는 녀석이 당신의 목표 속에 스며들길 바란다. 지금부터 내가 제안할 방식대로, 혹은 당신만의 방식대로 마음껏 실수할 수 있기를 바란다. 그리하여 당신이 수많은 시행착오 속에서 반드시 원하던 삶의 모습을 그려나갈 수 있기를 바란다.

2장

한계를 뛰어넘는
세컨더리 프로세스

실수의 가치를 극대화하는 기술

빠른 속도로 배우고
폭발적으로 성장하는 법

사업에서 유일한 정답은 '정답이 없다'라는 것이다. 경영자로 첫발을 내디딜 때, 컨설턴트로서 첫 컨설팅을 시작할 때 불행히도 나는 이 사실을 알지 못했다. 모든 것을 관통하는 공식과도 같은 정답이 있을 것이라고 생각했고, 책이나 유명 강의에서 이야기하는 이론들이 모든 사업에 적용될 것이라고 착각했다.

그러나 10년 가까운 시간을 이쪽 분야에 몸담고 있으면서 경영이 그렇게 간단치만은 않다는 것을 온몸으로 배웠다. 유망한 사업가는 주장하는 법에 능하고, 성공한 사업가는 침묵하는 법에 능하다는 격언을 온몸으로 경험한 것이다. 한때 스스로가 전자에 속한다고 착각하며 수많은 주장을 늘어놓았고 그 결과는 참담했다. 그 시절, 실패의 아픔을 맛보던 내 눈에 비친 사업이란 도무지 종잡을 수 없는 변수투성이의 무언가였다.

그러나 그렇게 실패로부터 끊임없는 깨달음을 얻어가던 나는 본능적으로 사업의 본질 하나를 깨달았다. 바로 사업은 오직 '이윤 창출'을 위해 존재한다는 것이다. 사실 이 말은 경영을 배우는 사람이라면 가장 먼저 듣게 되는 말 중 하나로 매우 흔해빠진 말이다. 흔하고 당연한 말이지만 오히려 너무나 당연해서 나는 이 말의 가치를 제대로 이해하지 못했다. 너무도 익숙해서 제대로 알지 못했던 거다. 그러나 이 흔한 말의 무게는 결코 흔하지도, 가볍지도 않다. 사업이 이윤 창출을 위해 존재한다는 말은 다른 의미로 이윤 창출이 가능한 행위는 사업적으로 가치 있는 행위라는 뜻이다. 사업에서 변치 않는 기준인 셈이다.

나는 이 기준을 나침반 삼아 여기까지 걸어왔다. 사업적 결단이 필요한 일이 있을 때, 누군가의 사업적 결단에

첨언을 해야 하는 순간이 올 때면 나는 늘 이 한 가지를 기준으로 판단하고 결정했다. 지금 하려는 그 행위가 이윤 창출에 도움이 되는가 그렇지 않은가 하는 기준 말이다. 법에 저촉되지 않는다면 도덕적이지 않아도 상관없다. 누군가에게 피해를 주는 것이 아니라면 이기적이어도 상관없다. 애초에 사업은 도덕의 영역도 이타의 영역도 아니다. 나는 이 기준으로 사업을 하고, 누군가의 사업에 조언한다. 그러는 사이 사업가로서의 혼란도, 컨설턴트로서의 두려움도 조금씩 사그라들었다.

이윤 추구를 위해 기업은 엄청난 속도로 움직인다. 미처 계산하거나 생각할 겨를이 없을 정도의 속도로 말이다. 전설적인 투자자 손정희의 말이 이를 잘 설명해 준다. "90%가 될 때까지 기다리면 너무 늦다. 70%가 보일 때 일단 시도하고 목숨을 걸어야 한다."

이 정도 속도가 아니면 안 되기 때문이다. 이윤 창출이라는 사업의 본질에 충실하기 위해서는 말이다. 모든 것이 경쟁이고, 한순간의 머뭇거림이 명운을 가르는 것이 사업의 세계다.

속도가 빠르다는 것은 곧 부정확성과 위험성이 높다는 뜻이기도 하다. 실수할 가능성, 잘못 판단할 가능성이 크다는 의미다. 기업은 그것을 감내하고라도 빠른 속도를 유지하며 마침내 승자와 패자 중 하나가 되는 것이다. 말 그대로 위험을 감수하는 것이다.

이 위험 감수야말로 이윤 창출을 위한 사업가의 의무다.

여기서 핵심은 한 번의 실수가 곧 사업의 죽음을 의미하는 건 아니라는 것이다. 역설적으로 시행착오야말로 기업을 한 차원 더 높게 성장시키는 밑거름이 된다. 물론 이 과정을 어떻게 활용하느냐에 따라 다르다. 실수를 통해 아무것도 배우지 못하고 같은 실수를 반복하면 그 기업은 머지않아 시장에 잡아먹혀 버릴 것이다. 반면, 시행착오를 통해서만 배울 수 있는 깨달음을 얻고 그것을 다음 도전에 적용할 수 있는 기업이라면 그 기업은 다른 어떤 기업보다 빠르게 성장할 수 있다.

시행착오가 사업가의 의무라면 그것을 해석하는 것은 사업가의

역량이다.

1825년 프랑스 한 염색 공장에서의 일이다. 한 일꾼이 청소하다가 실수로 등유를 엎질렀다. 하필이면 아주 비싼 테이블보 위로 말이다. 일반적인 관리자라면 일꾼의 몸값보다 비싼 테이블보를 망가트린 책임을 물어 그를 해고했을 것이나 공장 대표였던 장 바티스트 졸리(Jean Baptiste Jolly)는 달랐다. 일꾼의 실수를 질책하는 대신 실수를 다른 관점으로 해석했다. 등유가 쏟아진 테이블보의 일부가 깨끗해졌다는 것을 발견한 것이다. 세탁의 혁명을 불러온 드라이클리닝(dry cleaning) 기법이 탄생한 순간이었다. 등유 기름이 날아갈 때 테이블보의 때를 함께 빨아낸 것이다.

이처럼 중요한 건 실수의 유무가 아니라 실수의 해석이다. 실수를 제대로 해석할 수 있는 기업에 모든 시행착오는 기회가 된다. 역설적으로 실수 없이는 어떤 위대한 발견도 없다. 그래서 되레 많은 기업이 실수하기를 권장하는 것이다. 그들이 가장 두려워하는 일은 실수가 두려워 아무것도 시도하지 못하는 것이다. 혹은 실수가 두려워 절대 실수하지 않을 것 같은 영역에만 머무는 것이다. 멈춰 있는 것이다. 달리 말해 서서히 도태되어 가는 것, 그것이 사업가가 가장 두려워하는 일이다. 두물머리의 천영록 대표는 사업에서의 위험 감수를 이렇게 표현했다.

"우리 기업에 투자자들이 투자한 금액은 이미 100억 원이 넘습니다. 그런 투자자와의 신뢰를 망치는 행위는 바로 '아무것도 하지 않는 것'입니다. 정확히 말해 그것은 아주 서서히 투자금을 갉아먹으면서 안정적인 성장만을 추구하는 행위입니다. 절벽이 무서워 서서히 늪에 빠지는 꼴입니다. 절벽 끝에서 떨어지면 그 아래 어떤 보물이 나타날지 모르는데 그 시도조차 하지 않는 일입니다. 그래서 우리는 온몸으로 시도합니다. 빠르게 도전합니다. 만약 그 도전이 실패로 끝난다면 다시 도전합니다. 언젠가 시장을 뒤흔들 성공을 거머쥘 때까지 말이죠."

페이스북의 사훈은 "빠르게 움직여라, 무언가 부서질 때까지"다. 이 말 역시 기업의 속도와 시행착오의 중요성을 강조하는 말이다. 뭉그적거리지 말고 극한의 속도로 움직이라는 뜻이다. 그로 인해 큰 실수를 저지르더라도 시장을 뒤흔들 무언가를 발견할 때까지 말이다.

사업을 성공시키기 위한 기업의 움직임은 성공을 위해 노력하는 개인의 방향과도 정확하게 일치한다. 뭉뚱그려 성공이라는 단어를 흔히 쓰지만, 성공을 정확하게 규정하는 것은 불가능하다. 성공의 모습을 단 하나로 묘사하는 것 역시 불가능하다. 너무나 다양한 욕망과 이상들이 덕지덕지 붙어 있는 것, 모두가 원하지만 그 모양은 제각기 다른 것이 성공이라는 녀석이다.

그럼에도 불구하고 이윤 창출이라는 사업의 본질처럼 성공의 본질을 하나 꼽자면 '조금씩 더 나아가는 것'이다. 어제보다 나은, 그리고 오늘보다 나은 내일이 쌓이면 언젠가는 각자 원하는 성공의 모습이 완성될 것이다.

조금씩 더 나아간다는 건 역시나 속도의 문제다. 사업도 성공도 결국은 앞으로 나아가는 추진력을 통해 완성된다. 사업에서 시행착오가 추진력의 핵심이듯 성공의 추진력 또한 시행착오다. 나아가기 위해 어떠한 실수를 할 것인가, 그리고 그 실수를 어떻게 해석할 것인가, 그 해석을 통해 무엇을 배울 것인가에 따라 각자의 속도가 결정된다.

**시행착오가 성공하려는 자의 의무라면 그것을 해석하는 것은 성
공하려는 자의 역량이다.**

이 장에서는 성공으로 향하는 속도를 폭발적으로 높이
는 방법에 관해 이야기할 것이다. 실수를 어떻게 해석하
고 무엇을 배울 것인가에 관한 이야기 말이다.

이제부터 세컨더리 마인드를 어떻게 일깨울 것인가에
관한 이야기를 시작해 보겠다. 시행착오를 통해 배운다는
넓은 범위의 개념을 잘게 쪼개고 여러 각도로 분석해 시
행착오가 성공으로 향하는 발걸음이 되는 몇 가지 공식
을 전달할 것이다. 자, 그럼 시작해 보자.

실수를 해석하는
나만의 현미경

인간은 선택적으로 자각하는 존재다. 보이는 대로 해석하는 것이 아니라 해석한 대로 보는 것이다. 그래서 같은 현상을 목격하더라도 이에 대한 해석은 사람에 따라 달라진다. 가령 밤늦게 거리를 청소하는 환경미화원을 두 쌍의 모자(母子)가 목격했을 때 두 엄마가 자식에게 말하는 바는 다를 것이다. 오직 자식 교육에만 매몰된 엄마라면 자식에게 공부를 열심히 하지 않으면 나중에 커서 저런 일을 하게 된다며 환경미화원이라는 직업을 비하할지도 모른다. 반면 공동체 의식을 중요시하는 엄마라면 자식에게 저분들이 있어 이 거리가 깨끗할 수 있다고, 저분들의 일을 돕기 위해서는 우리가 쓰레기를 길거리에 함부로 버리지 말아야 한다고 말할 것이다. 내가 가진 생각에 따라 같은 모습도 이처럼 전혀 다르게 해석하는 것이다.

똑같은 시행착오에 대해 어떻게 해석하고 어떤 배움을 얻을 것인지는 당사자가 누구냐에 따라 달라진다. 만약 자기만의 해석 방식이 없다면 실수를 하더라도 배울 수 있는 것이 없거나 실수가 단편적인 기억의 조각들로만 남게 될 가능성이 크다.

많은 기업이 세컨더리 마인드를 일깨우기 위해서는 실수를 해석하는 방식이 중요하다는 사실을 알고 있다. 그래서 이들은 이를 해석하는 각자의 문화를 가지고 있다. 그중 대표적인 예가 넷플릭스의 '부검 메일'이다. 넷플릭스는 퇴사하는 사람이라면 모두 부검 메일을 쓰도록 하고 있다. 이 메일에는 본인이 어떤 이유로 퇴사하게 되었으며, 일하면서 어떤 어려움을 겪었는지, 무엇을 배웠는지, 회사에 제안하고 싶은 것이 있다면 무엇인지가 포함되어 있다. 즉 회사를 나가는 입장에서 회사에 남은 사람들을 위해 일종의 회고록을 남기는 것이다. 이 부검 메일을 통해 남아 있는 사람들은 회사가 더 나은 방향으로 나아가기 위해 무엇이 필요한지를 생각할 기회를 얻게 된다.

한국의 한 스타트업 회사도 이와 비슷한 '왓 이프(What If)' 문화를 통해 세컨더리 마인드를 키워간다. 퇴사자가 발생한 경우, C 레벨급의 모든 경영진은 반드시 간담회에 참석한다. 여기에서 경영진의 발언권은 극히 제한된다. 간담회의 주제는 단순하다. '만약 ~이 있었다면/없었다면/가능했다면 나는 퇴사하지 않았을 것이다'라는 주제로 퇴사자의 의견을 경청하는 것이다. 이 간담회에서 나온 의견들은 문서화를 거쳐 회사에 영구 기록된다. 만약 유사한 사유가 세 번 등장하게 되면 전체 공지를 통해 이 사유를 그 분기의 해결 과제로 설정한다. 모두의 의견을 모아 새로운 정책이나 방향성을 만들어가는 것이다. 그야말로 퇴사자의 의견이 남아 있는 이들을 위해 반영되는 것이다.

나는 지금까지 다양한 분야에서 성공한 사람들을 만나

왔다. 그들 모두에게는 각자 자기만의 방식이 존재했다. 어떤 방식은 언뜻 보기에 이해되지 않았고 어떤 방식은 너무 복잡해서 정말 이러한 방식으로 실수를 해석하는 게 맞나 싶기도 했다. 그러나 그들의 방식에 내 의견은 중요하지 않다. 중요한 것은 그들이 각자의 시선으로 자신에게 필요한 배움을 얻어가고 있다는 것이었다.

나는 이 점이 평범한 사람과 성공한 사람을 가르는 가장 큰 차이라고 생각한다. 실수에서 배움을 끌어오는 자기만의 도구가 있느냐 없느냐의 차이 말이다.

경성주막, 금복주류, 이자카야 토라 등 다수의 식당 체인점을 보유하고 있는 기업 피에스피에프앤디의 권준형 CFO는 실수를 아주 잘게 쪼개어 분석하는 것을 본인의 노하우로 생각했다. 이런 방식을 활용하는 이유에 대해 그는 이렇게 말했다.

"실수를 저지르게 된 원인은 늘 복합적이었어요. 이것을 하나의 덩어리로 해석하면 엉뚱한 결론이 나버리는 경우가 있더군요. 실수로부터 제대로 배우지 못하는 거죠. 예를 들어 투자자와의 주요 미팅에서 잘못된 정보를 전달해서 신용이 상하는 경우를 생각해 보죠. 단순하게 생각하면 제대로 된 정보를 사전에 알지 못했던 것이 원인인 것 같지만 이를 좀 더 들여다보면 훨씬 많은 원인이 있거든요.

투자자 미팅 전날 회식 때문에 술을 많이 먹어서 맑은 정신이 아니었다든가, 잘못된 정보가 적힌 보고서를 받는 과정에서 더블 체크를 하지 못했다든가, 그것도 아니면 미팅에서 잘못된 정보를 전달했다는 사실을 인지한 후 대응이 서툴러서 일이 커졌다든가 하는 식이죠. 결국 하나의 실수에는 이를 둘러싼 매우 다양한 원인이 존재하고 이를 하나하나 쪼개서 생각할 수 있어야 제대로 배울 수 있는 거죠.

'늘 제대로 된 정보를 갖추자'라는 건 절대 배움이 될 수 없거든요. '어떻게'가 빠졌잖아요. '투자자 미팅 전날에는 술자리 금지', '보고서 더블 체크를 위한 시스템 마련', '미팅에서 말실수했을 때 빠르게 인정하며 화제를 전환하는 협상 화법 배우기' 같은 것들이 진짜 배움 아닐까요?"

그는 자신이 남들보다 유일하게 뛰어난 것이 시행착오로부터 제대로 된 배움을 얻는 것이었다고 말했다. 자기만의 분석법으로 같은 실수에서도 남들보다 더 많은 것을 배울 수 있었고 이를 발판 삼아 성장했다고 말이다. 삼성생명의 마케팅 사원으로 사회생활을 시작한 그는 스타트업과 농협은행을 거쳐 30대에 임원을 넘어 C 레벨이라는 최고 경영 그룹에 올라섰고 지금도 회사와 투자자의 신임을 받으며 승승장구하고 있다.

재미있는 것은 나는 그와 정반대의 방식으로 실수를 분석한다는 것이다. 실수를 저질렀을 때 내가 가장 먼저 하는 일은 그 실수를 극단적으로 단순화하는 일이다. 광고계의 유명한 이론 중 하나인 KISS(Keep It Simple & Short)의 법칙을 실수에 적용하는 셈이다. 단순화를 통해 그 실수의 가장 큰 원인 한 가지를 규정한다. 물론 권준형 CFO가 말한 것처럼 한 가지 실수에는 여러 원인이 있다. 그러나 나는 그 여러 원인 중 가장 결정적인 요인이 무엇이었는지를 분석하는 것으로 실수를 해석한다.

결정적 원인을 찾는 방법 또한 단순하다. 그 원인이 없었더라면 그 실수가 벌어지지 않았을까 혹은 그 실수를 즉시 기회로 삼을 수 있었을까를 역으로 생각해 보는 것이다. 만약 내가 저지른 실수에서 하나의 원인을 제거해 그 실수를 막을 수 있다면 그것이 바로 핵심 원인이다. 그리고 핵심 원인을 찾으면 나는 거기에 다양한 경우의 수를 대입해 본다. 굉장히 세밀하게 만약을 상상한다. 일종의 이미지 트레이닝인 셈이다.

권준형 CFO가 저질렀던 투자자 미팅에서의 실수를 예로 들어보자. 나는 그의 방식처럼 이 사건에서 여러 가지를 배우지는 못할 것이다. 그러나 나라면 이 실수의 핵심 요인을 '제대로 준비하지 못한 자료'가 아닌 '투자자가 나의 잘못을 지적했을 때의 어설픈 대처'로 규정할 것이다. 만약 그 순간 좀 더 자연스러운 대처를 했다면 오히려 이 실수는 상대방의 신뢰를 얻는 좋은 기회가 되었을 수도 있다고 생각하기 때문이다.

그렇게 하나의 결정적 원인을 파악한 후 수많은 경우에 대입해 본다. '잘못된 자료로 잘못된 정보를 내뱉어 버린 이 상황에서 어떤 이야기를 했으면 좋았을까'라는 주제로 고민해 보는 것이다. 다양한 방식의 메시지와 그 메시지가 전달되었을 때의 상황을 상상한다. 상상하고 대입하기에 가지고 있는 지식이 부족하다고 느낀다면 책을 찾아보거나 주변 전문가에게 물어본다. 그렇게 최소 수십 번의 이미지 트레이닝을 거친 후 최적의 방식을 찾게 되면 이를 반드시 기록한다.

나는 이 방식이 성향에 맞다. 단순화를 선호하는 것이다. 단순화하지 못한다는 것은 내가 아직 그 현상을 완전히 이해하지 못했다는 것이다. 그래서 실수를 단순화하는 과정은 나에게 실수를 완벽히 이해하는 과정이기도 하다. 하나의 실수에서 여러 가지를 배우면 좋겠지만 내겐 그것이 오히려 집중력을 떨어트리는 결과로 나타났다. 여러 가지를 기억하려다 보니 정작 어떤 것도 제대로 기억하지 못하게 되는 것이다. 그래서 차라리 확실하게 기억할 수 있는 한 가지만 얻자고 생각했고 그러다 보니 이런 방식을 사용하게 된 것이다.

물론 내 방식은 권준형 CFO의 방식에 비해 배울 수 있는 것이 적을 것이다. 그래도 상관없다. 이 방식이 나에게 가장 잘 맞는 방식임을 지난 10년의 시간을 거쳐 확신해 왔으니까. 나에게 성공은 남들처럼 도달해야 하는 무언가가 아니다. 가장 나다운 방식으로 가장 나답게 이루어나가고 싶은 것이다. 그래서 타인의 실수 해석법을 들을 때에도 조급해지거나 따라 하는 데 급급하지 않았다.

나는 내게 가장 알맞은 방식으로 지금도 성공을 향해 가고 있다.

한 모임에서 알게 된 중견 기업의 CEO는 외부의 시스템을 사용했다. 그는 실수를 저질렀을 때 빠르게 그 실수를 요약하고 이 실수에서 무엇을 배워야 할지 정리했다. 그리고 정리한 내용을 직원 중 한 명에게 전달하며 일정 시기가 지난 후 자신에게 메일로 해당 내용을 발송해 달라고 요청했다. 각각 3개월, 6개월, 9개월이 지날 때마다 말이다.

그렇게 다시 일상으로 돌아와 현업에 집중하다 보면 잊을 만할 때쯤 직원이 메일을 보내온다는 것이었다. 메일을 받음으로써 본인의 실수를 다시 한번 복기할 수 있게 되는 것이다. 그렇게 세 번 정도 메일을 받다 보면 실수에 대한 기억이 확실하게 뇌리에 각인되고 그 실수로부터 배운 것 역시 보다 뚜렷하게 기억할 수 있다는 것이다. 이런 실수 활용법에 대해 그는 이렇게 말했다.

"내가 생각하는 인간은 안위를 따라요. 본능적으로 편한 것을 추구하고 불편함에서 눈을 돌리죠. 아무리 실수를 기억하려고 애써도 이내 잊기 일쑤예요. 데미지가 큰 실수일수록 더욱 그렇죠. 계속 기억하고 있으면 스트레스만 받으니까, 화가 나니까. 일종의 방어기제인 셈이죠. 나는 이런 스스로의 한계를 받아들였어요. 그래서 주변을 활용하기 시작했죠. 직원들을 통해 내가 저지른 실수에 대해 주기적으로 알람을 받는 시스템을 만들었고 효과는 아주 좋았어요. 그때부터는 실수에 조금 더 관대해지기 시작했어요. 실은 이 아이디어는 '와신상담(臥薪嘗膽)'이라는 고사를 보며 떠올렸어요. 아버지의 원수를 잊지 않기 위해 매일 신하에게 자신의 굴욕을 외치게 만든 오(吳)나라의 왕 부차(夫差)의 결의가 마음에 와닿았거든요. 사업을 한다는 건 작은 나라 하나를 세우는 것과 같잖아요. 나도 이 사업을 성장시켜 직원들 밥 굶게 하진 말아야겠다고 생각하니 바로 이런 방식이 떠오르더라고요. 지금까지도 잘 활용하며 성장하고 있습니다."

실수를 통해 배우라는 건 아주 흔한 말이다. 그런데도 이 말을 실천할 수 있는 사람은 흔치 않다. 지금까지 우리는 실수를 통해 배우기 위한 조건으로 '의지나 태도'를 꼽았다. 이 인식을 버려야 할 때다. 지금껏 많은 사람이 세컨더리 마인드를 일깨우지 못했던 이유는 그들이 의지가 없거나 태도가 불량해서가 아니다. 실수를 해석할 수 있는 자기만의 방식에 대해 고민하지 않았기 때문이다.

훌륭한 품질의 대리석이라도 뛰어난 조각가의 칼을 만나야 훌륭한 작품이 된다. 아무리 좋은 대리석이라도 미켈란젤로(Michelangelo) 같은 거장을 만나야 걸작으로 탄생할 수 있다. 똑같은 대리석이라도 조각을 전혀 할 줄 모르는 사람의 눈에는 그저 돌덩이일 뿐이다. 아무 가치도 없는 돌덩이 말이다. 실수도 마찬가지다. 같은 실수를 하더라도 누군가는 그것으로 걸작을 만들지만, 누군가는 그것을 한낱 돌덩이로 여긴다는 사실을 깨달아야 한다. 사고를 전환해야 한다. 무궁무진한 가능성을 품고 있는 대리석을 그저 돌덩이로 남겨두는 어리석음으로부터 벗어날 때다.

물론 성공을 거둔 사람 중에는 세컨더리 마인드와는

별개로 그 자리에 올라선 사람이 있을 수 있다. 그러나 이것은 확률의 문제다. 적어도 내가 만난 수많은 사람 중 성공에 가까이 다가선 이들은 대부분 자기만의 실수 해석법을 가지고 있었다. 명확하게 구조화해 설명할 수 있느냐 없느냐의 차이일 뿐 그들은 각자의 방식으로 자신만의 무너지지 않는 정신력을 키우며 그 자리까지 올라갔다.

그렇다면 당신은 어떨까? 만약 당신이 실수를 통해 배워나가는 삶에 동의한다면, 그 삶의 방향이 성공을 향한다고 확신한다면 이제 당신만의 실수 해석법을 만들 때다. 이 책에서는 당신에게 그 어떠한 방식도 제안하지 않을 것이다. 남의 것은 어디까지나 남의 것일 뿐이다. 의사의 가운을 훔쳐 입는다고 당장 의사가 될 수 없듯이 당신자신의 가운을 스스로 만들어야 한다. 의사의 흰 가운이든 연구원의 흰 가운이든 이발사의 흰 가운이든 말이다.

다만 처음은 모방으로 시작하길 추천한다. 모방은 창조의 어머니니까. 모방의 방식은 무에서 유를 창조하는 것보다 한결 쉽고 빠르니까. 앞서 다양한 실수 해석법을 소개한 것은 이 때문이다. 내가 이야기한 세 가지 사례 중

하나를 선택해도 좋고 당신 주변에서 성공한 사람의 방식을 따라도 좋다. 얼마든지 모방해라. 그것을 시작으로 자신의 성향과 경험을 더해가다 보면 어느새 자기만의 방식도 완성될 것이다. 그때가 되면 당신의 세컨더리 마인드도 비로소 깨어날 것이다. 당신이 지금껏 저질렀던, 앞으로 저지를 모든 실수가 당신의 자산이 되는 경험을 하게 되는 것이다.

숨기지 말고
자랑스럽게 광고하라

문제를 해결하기 위해 가장 먼저 해야 하는 일은 문제가 있다는 것을 인정하는 일이다. "문제 삼지 않으면 문제 되지 않는다"라는 일본의 속담처럼 문제점이 있음을 인지하지 못하면 그 문제는 존재하지 않는 게 되어버린다.

시행착오 역시 마찬가지다. 시행착오를 통해 배우기 위해서 가장 먼저 해야 하는 일은 자신의 실수부터 인정하는 것이다. 인정하고 나면 실수는 그 전보다 더욱 명확해진다. 일종의 구체화가 이루어지는 것이다. 반대로 실수를 인정하지 않으면 실수가 제대로 눈에 보이지 않는다. 실수로 인한 좌절과 아픔만 보이게 되는 것이다. 이렇게 되면 시행착오의 가치가 사라진다.

그렇다면 가장 높은 수준의 인정이란 무엇일까? 타인에게 이야기하는 것이다. 타인에게 자신의 상황을 사실 그대로 말할 수 있다는 것은 그 상황을 완전히 받아들였다는 뜻이다. 단순히 머릿속으로 인지하는 것과는 엄청난 차이가 있다. 머릿속에만 있다면 언제든 타협할 수 있다. 실수 자체를 왜곡할 수도, 자기에게 좀 더 유리한 쪽으로 이기적 해석을 덧붙일 수도 있다. 심지어 자기도 모르는 사이에 기억 조작을 통해 실수 자체를 전혀 다른 것으로 착각하는 경우도 생긴다. 누군가의 말처럼 인간은 안위를 추구하니까. 이래선 실수가 아무런 도움이 되지 못한다. 따라서 실수에서 배우기 위해서는 실수를 완전히 인정하고 타인에게 이를 고백하는 연습을 시작해야 한다. 그러나 세상 모든 고백이 그렇듯 실수를 고백하는 것 역시 생각보다 어렵다.

고백하는 것은 단순해 보이지만 쉽지 않은 일이다. 미국에 'AA'라는 모임이 있다. 'Alcoholics Anonymous'

의 약어로 익명의 알코올 중독자 모임이다. 이 모임에서는 알코올 중독에서 벗어나기 위한 12가지 단계를 목표로 설정한다. 그중 첫 번째 단계이자 가장 많은 노력을 필요로 하는 단계가 스스로 알코올 중독자임을 인정하는 단계다.

"안녕하세요, 알코올 중독자 아무개입니다."

이 한마디를 스스로 하게 만드는 것이다. 많은 알코올 중독자들이 이 단계로 올라서지 못한다. 그래서 이 단계에 올라섰을 때 많은 보상을 해준다. 가령 병원비를 할인해 주거나 약 처방을 무료로 해주거나 하는 것들 말이다.

실수 역시 마찬가지다. 본인의 부족함을 타인에게 말하는 것이 익숙하지 않고, 타인의 실수 또한 관대하게 바라보지 않는 한국 사회에서는 본인의 실수를 고백하는 일이 더욱 힘들 수 있다. 그렇기에 가치 있는 것이다. 해내야만 한다. 이 행위를 해냈을 때 비로소 깨닫게 되는 것들이 분명 있다. 실수를 명확하게 인정하는 순간 후회는 사라진다. 실수했던 과거에 머무르지 않게 되는 것이다. 대신 미래를 생각하게 된다. 타인에게 내 실수를 고백하는 순간 이 실수로부터 무엇을 배울 것인가를 자연스럽게 생각하게 되는 것이다.

힘든 사랑 고백을 해내면 인연을 얻을 수 있는 것처럼 힘든 실수를 고백해 내면 성공을 얻는다.

나는 여기서 한 가지 규칙을 더 추가하고자 한다. 실수를 고백할 때 '사실나열형'이 아닌 '목적지향형'으로 해 보자는 것이다. 사실나열형 고백은 '내가 이런저런 실수를 했다'라는 식이다. 이를테면 과거를 서술하는 식이다. 이는 자칫 신세 한탄처럼 들릴 수 있다. 자신의 아픔을 있는 그대로 전달하는 방식이기 때문이다. 조금 잔인한 말일 수 있지만 사람들은 타인의 아픔에 그다지 관심이 없다. 무관심을 넘어 타인의 고통을 듣는 것을 꺼린다. 기쁨은 나누면 배가 되고 슬픔은 나누면 반이 된다는 말은 틀렸다. 기쁨도 슬픔도 나누는 순간 배가 된다. 그래서 사실나열형으로 실수를 고백하는 방법은 추천하지 않는다.

반면 목적지향형 고백은 '내가 이런저런 실수를 했는데, 이게 원인인 것 같아. 이걸 어떻게 고쳐야 할지 고민이야'라는 식이다. 실수 자체만 전달하는 것이 아니라 그 실수를 통해 지금 내가 '무엇을 고민하고 있는가'를 함께 전달하는 것이다. 그래서 목적지향형 고백에는 반드시 세 가지가 들어가야 한다. 자신이 저지른 실수에 대한 요약, 그 실수를 하게 된 원인, 원인을 극복하기 위한 방향 말이다.

이렇게 목적지향형으로 본인의 실수를 말하면 세 가지 효과를 기대할 수 있다. 첫 번째는 본인의 방향성을 정확하게 파악할 수 있다. 스스로가 이 실수를 어떻게 자각하고 있는지, 그 실수의 원인은 무엇이라고 생각하는지, 그 원인을 어떤 방법으로 해결하고 싶은지가 분명해지는 것이다. 이 과정을 통해 실수를 온전히 해석할 수 있게 되고, 내가 무엇을 해야 하는지도 명확하게 알게 된다.

두 번째는 목적지향형으로 실수를 말하는 사이 자신의 인간관계에 '신용'이라는 무형 자산이 자연스럽게 쌓이게 된다. 남의 자랑 듣는 것을 좋아하는 사람은 아무도 없다. 그럼에도 불구하고 우리는 너무 자주 자신의 '잘난 점'에 관해 이야기한다. 지금 당장 SNS를 살펴보자. 비싼 호텔에 묵고, 비싼 오마카세 식당을 방문하고, 승진을 하고, 집과 차를 산 사람들의 근황을 확인할 수 있을 것이다. 베블런(Veblen)이 말했던 과시적 소비와 과시적 여가가 넘쳐나고 있다. 그들은 그러는 사이 자신의 평판과 신용이 깎여나가고 있다는 것을 인지하지 못한다. 자랑이 심한 사람이 신용을 기반으로 한 인간관계를 훌륭하게 구축했다는 말을 나는 아직 듣지 못했다.

반면 자신의 잘못이나 부족함을 고백하는 사람에게 사람들은 높은 점수를 부여한다. 자기 자랑을 좋아하는 사람이 없듯 자신의 부족함을 인정하는 자세를 싫어하는 사람도 없기 때문이다. 그래서 위대한 영업자는 물건을 팔 때 본인의 물건이 완벽하다고 말하지 않는다. 오히려 본인의 물건이 가진 단점을 먼저 이야기한다. 그들은 알고 있다. 완벽을 이야기하면 의심과 질투를 사지만, 단점을 고백하면 믿음을 얻을 수 있다는 것을 말이다.

여기에 덧붙여 본인이 나아가고자 하는 방향까지 말해준다면 신용은 더욱 높아진다. 누구나 발전하기 위해 노력하는 모습을 신뢰하기 때문이다. 본인과 닮아서든, 본인이 그렇게 하지 못하고 있어서든 말이다. 결국 실수를 고백하고 나아갈 방향에 관해 이야기하는 사람은 누구에게나 신용을 얻을 수 있게 된다. 가장 훌륭한 인간관계는 신용을 기반으로 만들어진다. 신용이야말로 최고의 무형 자산 중 하나다. 이런 훌륭한 무형 자산은 실수를 목적지향형으로 광고하는 사이 서서히 만들어진다.

나는 내가 잘하는 것을 자랑하지 않는다. 내가 잘하는 것이 무엇인지 남들에게 이야기해 봤자 얻는 건 별로 없기 때문이다. 내가 잘하는 것은 나만 알고 있어도 상관없지 않을까? 자랑 대신 틈만 나면 내가 저지른 멍청한 실수들에 관해 이야기한다. 상대와의 대화 속에서 맥락을 살펴가며 말이다. 다행히도 열심히 부딪치는 인생을 살았던 덕분에 온갖 실수를 저질러 본 것 같다. 그래서 어떤 상황에서도 충분히 나의 못남과 그간의 시행착오를 광고할 수 있다. 지기 싫어 나를 자랑하기만 했던 치기 어린 날의 나보다 모자람과 잘못을 쉴새 없이 떠벌리고 있는 지금의 내가 더 많은 신용을 쌓고 더 나은 인간관계를 맺고 있다. 나 역시도 목적지향형 고백의 혜택을 톡톡히 보고 있다.

내가 "못났다"라고 고백하는 지금의 나는 내가 "잘났다"라고 자랑하던 과거의 나보다 조금 더 나은 사람이다.

재미난 사실은 내가 만난 성공한 사람들 모두가 나와 같았다는 것이다. 성공한 사람일수록 자신의 업적을 과시하지 않는다. 자신이 이룬 성과나 성공한 자신의 모습을 떠벌리거나 과장하지 않는다. 그들은 오히려 성공으로 향하는 과정에서 본인이 겪었던 아픔이나 부족함을 이야기한다. 그들은 이미 경험으로 터득한 것이다. 자신의 실수와 부족함을 떠드는 것이야말로 남는 장사임을 말이다.

마지막으로 목적지향형 고백은 집단 지성의 힘을 경험시켜 준다. 목적지향형 고백에는 지금의 고민거리가 들어 있다. 그 문제를 이야기하는 순간 사람들은 문제를 함께 풀기 위해 머리를 맞대기 시작한다. 거기에는 한 사람 한 사람의 경험이 녹아 있는 경우가 많다. 내가 저지른 실수에 다양한 사람들의 경험과 관점이 더해지며 더 나은 해결책을 얻게 되는 것이다.

짧은 기간이지만 실리콘밸리를 경험했던 적이 있다. 실리콘밸리에서 자주 가던 펍이 하나 있었는데, 그곳은 언제나 맥북을 들고 있는 사람으로 가득했다. 대부분이 실리콘밸리 안의 스타트업에 종사하는 사람들이었다. 처음 보는 사람들끼리의 낯섦은 그곳에 존재하지 않았다. 눈만 마주치면 반갑게 인사를 했고 맥주 한 잔을 기울이며 가벼운 대화를 시작했다. 사람들의 대화 패턴은 비슷했다. 지금 진행 중인 프로젝트나 사업을 간단히 소개하고, 본인이 난항을 겪고 있는 상황에 대해 말하는 것. 나로서는 놀라운 경험이었다. 낯선 이국의 펍에서 그것도 처음 만난 동양인에게 스스럼없이 다가와 이런 이야기를 해줄 수 있는 그들의 문화가 말이다. 나는 경제 대국 미국을 만든 힘의 원천이 이 지점에 있다고 생각한다.

대화가 조금이라도 진행되면 어느 순간 들고 있던 맥북을 펼치고 좀 더 상세한 설명과 함께 아이디어 회의가 즉석에서 시작되었다. 그러는 사이 서로가 가진 유무형의 자산 중 도움이 될 만한 것들이 나열되기 시작했다. 그것들이 부딪치고 연결되다 보니 전에는 보이지 않던 새로운 가능성이 열리게 되었다. 당시 컨설팅하던 기업의 광고 모델도 이 펍에서 만난 어떤 이의 소개로 채용했다. 우리가 원하는 이미지에 우리가 원하는 비용으로 함께할 모델을 찾지 못해 고심하고 있던 차에 6달러 맥주 한 잔을 사주고 한 방에 문제가 해결된 것이다. 단지 우리가 겪고 있는 문제를 목적지향형으로 고백했을 뿐인데 말이다.

　본인의 실수를 목적지향형으로 고백하는 것은 실리콘밸리에서 경험한 그것과 같은 효과를 낳을 수 있다. 특히 같은 집단에 속해 있는 사람이라면 효과는 배가된다. 가령 사업을 하며 저지른 실수는 사업을 하는 누군가가 들었을 때 좀 더 좋은 방향으로 해결될 수 있다. 같은 목표를 향해 나아간다는 것은 비슷한 실수를 이미 저질렀거나 앞으로 저지를 가능성이 크다는 것을 뜻한다. 그래서 내 실수를 듣는 사람은 이미 자신도 그 실수를 저질러본 경험이 있거나 그런 실수를 저지를 가능성이 있다는 것을 이해하고 있다.

　전자라면 먼저 경험한 그의 소중한 경험치를 배울 수 있을 것이고, 후자라면 조금 더 관여도가 높은 상태에서 나의 문제를 함께 고민해 줄 수 있을 것이다. 언젠가 자신도 겪을 수 있는 일이라 생각해 남 일로 치부하지 않을 확률이 높기 때문이다. 어느 것이라도 괜찮다. 어떤 것이든 내게 도움이 될 것이기에. 실리콘밸리에서 내가 가장 많이 들었던 말은 이거였다.

　"So, what do you want me to do for you?(그래서, 내

가 무엇을 도와주길 원해?)"

스타트업의 대표든 직원이든 투자자든 만나는 사람마다 자연스럽게 내게 물었다. 그래서 내가 무엇을 도와주면 되냐고 말이다. 나는 그 문화가 무척 부러웠다. 한국에서 사업을 하면서 자주 경험하지 못한 일이었기 때문이다. 그러나 다르게 생각하면 한국이야말로 수많은 시험을 치렀던 경험을 모두가 공유하는 나라다. 수능, 토익, 승진시험, 각종 자격증 시험… 우리는 지금도 얼마나 많은 시험을 치르며 살아가고 있는지 모르겠다.

그래서 누군가의 아픔을 듣는 것은 싫어할지언정, 문제가 주어지면 본능적으로 해결책을 고민한다. 당신이 고백한 실수가 타인에게 풀어야 할 문제로 인식되는 순간, 집단 지성의 힘이 가장 크게 발휘될 수 있는 곳도 한국일 수밖에 없다. 이 점을 적극적으로 활용해야 한다. 타인의 시간과 경험 그리고 사고를 공유받는 기회가 당신의 고백으로부터 시작될 수 있음을 기억해야 한다.

실제로 한국에서 10년이 넘는 시간 동안 일을 하며 먼저 도와줄 것이 있냐고 물어오는 사람은 적었을지 몰라도 내가 이런저런 문제의 해결 방법에 대한 고민을 이야기했을 때 사람들은 너 나 할 것 없이 함께 고민해 주었다. 그리고 거기에서 내가 생각한 것 이상의 깨달음을 얻은 적도 많았다. 나 역시 목적지향형 고백을 통해 집단 지성의 혜택을 충분히 누려온 사람이다. 누구에게나 이 방식은 열려 있다. 당신이 먼저 시작할 수만 있다면 말이다.

당신 앞에 엄청난 경험의 바다가 펼쳐져 있다. 뛰어들지 않을 이유가 없지 않을까?

광고계의 아버지라 불리는 데이비드 오길비(David Ogilvy)는 시장에 제품이 나왔을 때 가장 먼저 해야 하는 말은 "I am the best(내가 최고다)"가 아니라 "I am here(내가 여기 있다)"라고 말했다. 모든 광고의 목적을 관통하는 말이다. 내가 여기 있음을 외치지 않으면 세상은 내가 있음을 알아차리지 못한다. 마찬가지로 나의 실수를 외치지 않으면 세상은 내가 어떤 실수를 저질렀는지, 거기서 무엇을 배우고자 하는지 알지 못한다.

그러는 사이에 우리는 수많은 기회를 날리게 된다. 나를 더 높은 곳으로 이끌어줄 천금 같은 기회를 말이다. 당신 주변의 무한한 가능성이 지금도 침묵한 채 당신을 지켜보고 있다. 당신이 엄청난 시간과 기회비용을 치르고 깨닫게 될 것들을 가벼운 커피 한 잔, 맥주 한 병으로 배울 수 있다는 말이다. 그러기 위해 당신이 해야 하는 일은 하나다. 내가 여기 있음을 외치는 것. 그러니 안심하고 지금부터는 마음껏 당신의 과오를 광고해도 좋다.

기다리지 말고
설계해라

　　세컨더리 마인드란 무너질수록 더 강해지는 정신력이다. 여러 번 설명했듯이 실수로부터 배운 것들로 더 나아가려는 마음가짐이라고도 할 수 있다. 실수를 통해 더 나은 해결책을 찾고 나를 완성해 가는 과정이다. 그렇다면 세컨더리 마인드는 언제 완성될까?

　　같은 실수를 더 이상 반복하지 않을 때다.

　　결국 세컨더리 마인드는 같은 상황에서 달라진 행동으

로 실수를 극복하는 순간 완성된다. 머리가 아니라 행동으로 완성되는 것이다. 예를 들어보자. 당신은 얼마 전 스타트업을 창업했고 성장을 거듭하고 있다. 회사가 커지면서 직원도 늘어났다. 자연스럽게 총무 업무의 필요성이 커졌고 총무팀장을 당신이 직접 채용했다. 여기서 문제가 발생한다. 채용한 총무팀장이 횡령을 저지른 것이다. 다행히 큰 횡령으로 이어지기 전에 막았지만, 이 사실이 외부로 유출되면서 회사 신용에 심각한 타격을 입었다. 처음 당신의 회사에 투자한 일부 투자자는 자신의 투자금을 회수하겠다고까지 말하는 상황이다.

이 상황에서 당신이 저지른 실수는 무엇인가? 여러 가지가 있겠지만 크게 두 가지를 꼽을 수 있다. 첫 번째는 채용할 때 도덕성 검증을 제대로 하지 못한 것, 두 번째는 한 개인의 의지로는 회삿돈을 횡령할 수 없도록 시스템을 구축하지 못한 것. 당신은 자신이 저지른 두 가지 실수를 앞으로 반복하지 않을 방법을 고민하고 곧 해결책을 마련한다. 하나는 채용 시 직무 역량뿐만 아니라 도덕성 검증까지 할 수 있는 면접 구조를 도입하는 것이고, 다른 하나는 개인이 회사 자금을 마음대로 집행하지 못하도록 여러 안전장치를 두는 것이다. 여기서 세컨더리 마인드는 언제 완성될까? 이 두 가지 장치로 더 이상 자금 관련 비리가 발생하지 않는 것이 확인되는 순간이다.

위의 사례는 실제로 내가 컨설팅했던 기업이 겪었던 일이다. 이 일 이후, 도덕성 높은 총무팀장을 새로 고용했고 모든 자금 집행의 최종 승인을 세 명의 경영진이 함께 전결하여 처리하는 것으로 시스템을 개선했다. 다행히 지금까지 자금 관련 문제는 발생하지 않고 있다. 이러한 세컨더리 마인드의 완성 과정을 단계별로 표현해 보자.

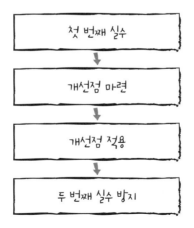

나는 이 과정을 '사이클을 돌린다'라고 표현한다. 이 전체 과정이 하나의 사이클인 것이다. 그런데 이 사이클을 마냥 기다리는 건 너무 수동적인 방식이다. 실수가 있고 나서 개선한 후, 같은 상황이 찾아오길 마냥 기다려야 하니 말이다. 즉각적으로 개선 방향을 적용할 수 있는 실수도 있지만 그렇지 않은 실수도 존재한다. 가령 중요한 협상 자리에서 상대측의 전략에 휘둘려 손해보는 합의를 해버렸다고 가정해 보자. 이후 이런 상황을 뒤집을 수 있는 'BATNA(Best Alternative To Negotiated Agreement, 협상 결렬 시 선택할 수 있는 차선책)'의 중요성을 알게 되었고 다음 협상부터는 미리 BATNA를 가지고 임하자고 다짐하게 되었다고 가정해 보자. 그런데 그다음? 그다음 중요한 협상 상황이 다시 오기를 하릴없이 기다릴 수밖에 없는 걸까?

이렇게 되면 자연스럽게 사이클이 길어질 수밖에 없다. 늘어지게 되는 것이다. 문제는 이렇게 일이 늘어지는 사이 실수를 통해 배운 깨달음이 점차 흐릿해져 간다는 것이다. 이렇게 잊어버리게 되는 배움은 생각보다 많다. 귀중한 경험이 아쉽게 사라지는 것이다. 부끄럽지만 나도 이런 경험을 수없이 했다. 분명 처음 실수할 때는 두 번 다시 같은 실수를 하지 않겠노라며 다짐했지만, 그 상황이 한참 동안 다시 벌어지지 않으면 어느샌가 그때의 다짐이 희미해져 갔다. 그래서 같은 실수를 반복하고 '아차!' 하는 순간이 수없이 많았다. 반면 같은 상황이 바로 다시 찾아와 짧은 사이클을 경험했을 때는 실수에서 배운 바를 제대로 익힐 수 있었다.

사이클을 빠르게 반복해 본 사람은 아무리 오랜 시간이 지나도 같은 실수를 반복하지 않는다. 실수는 한 번이면 족하다. 한 번만 실수의 사이클을 경험하고 나면 한층 성장한 나와 마주할 수 있다. 이런 이유로 나는 사이클의 텀은 최대한 짧아야 한다고 생각한다. 그러기 위해서는 마냥 수동적으로 상황을 기다리지 말아야 한다. 능동적으로 상황을 설계할 수 있어야 한다. 첫 번째 실수를 통해 배운 것을 적용할 수 있는 상황을 스스로 만들어보는 것이다.

강사를 주업으로 삼아 활동했을 당시 나는 강연에 대

한 내 나름의 자부심이 있었다. 콘텐츠는 훌륭하다고 생각했고, 전달하는 방식 역시 진정성 있다고 생각했다. 실제로 삼성 연수원에서 강연을 끝낸 후 지금까지의 강연 평가 중에 최고점을 받았다는 이야기도 들었다. 그런데 어느 날 대기업에서의 강연을 끝낸 후 담당자에게 피드백을 받았는데 내 강연이 너무 진지하기만 해서 진이 빠진다는 의견이 꽤 있었다. 당시에는 충격이었다. 그리고 깨달았다. 나는 지금껏 한 번도 강연 듣는 사람의 입장을 고려하지 않았다는 사실을 말이다. 두 시간이 넘는 시간 동안 진지하기만 한 이야기를 경청하라고 한다면 나조차도 지칠 것 같다는 생각이 들었다.

그 후 나는 밤새 강연 자료를 보완하고 수정했다. 그 결과 흥미 요소와 재미 요소를 적절하게 녹인 새로운 강연을 구상할 수 있었다. 문제는 피드백을 받은 시점이 그 기업에서의 마지막 강연을 진행했던 시점이라는 것이었다. 그리고 같은 주제의 다음 강연은 두 달 뒤에 예정되어 있었다.

나는 마냥 두 달을 기다리는 대신 그간 관계 맺었던 기업의 교육 연수원 담당자들에게 전화를 돌리기 시작했다. 강연료를 받지 않아도 괜찮으니 최대한 빠른 시기 안에 강연할 수 있냐고 물었다. 모르긴 몰라도 당시 내 전화를 받은 강연 담당자들은 황당했을 것이다. 강연 영업을 일절 하지 않았던 작가가 다짜고짜 전화해서는 강연을 하겠다니. 그것도 무료로 말이다.

다행히 특강 형태로 한 기업에서 바로 강연을 해볼 수 있었다. 강연장으로 향하던 날 나는 처음으로 내 강연에 대한 설문지를 만들어 갔다. 설문 내용은 간단했다. 강연이 재미가 있는지, 몰입도가 높은지, 만약 재미있었다면 어떤 부분이 기억에 남는지를 물어보는 게 다였다. 그걸로 충분했다.

다행히 결과는 만족스러웠다. 여러 재미 요소가 섞인 강연을 청중은 좋아했다. 사람들이 이렇게 재미있게 강연 듣는 모습을 참 오랜만에 봤다는 담당자의 말을 들으며 나는 내 강연 능력이 한층 더 업그레이드되었다고 확신했다.

만약 처음 피드백을 받았을 때, 어차피 마지막 강연이

니까 다음 강연 때 보완하자고 생각했다면 어땠을까? 아마 나는 그다음 강연도 재미있게 준비하지 못했을 것이다. 몇 달이 지나는 사이 어느새 실수에서 배운 해결책을 잊어버렸을 가능성이 크기 때문이다. 강연 자료 역시 새로 만들지 않았을 것이다. 결국 같은 방식으로 다시 강연했을 것이고 다시 누군가에게 내 강연이 진지하기만 하다는 피드백을 받을 때까지 나는 내 강연의 잘못된 점을 인지하지 못했을 것이다. 그러나 나는 사이클의 텀을 줄이기 위해 노력했고 그 결과 빠른 시간 내에 좋은 성장을 거둘 수 있었다. 능동적인 상황 설계의 힘이란 바로 이런 것이다.

한번은 이런 일도 있었다. 책을 출간하기 위해 출판 계약을 맺었을 때의 일이다. 아쉽게도 출판사와 계약을 진행하면서 나는 내가 원하는 조건을 얻지 못했다. 내가 원하는 조건이 보편적인 계약 조건에서 많이 벗어나기 때문이라는 이유에서였다. 나름대로 출판 시장에 오래 몸담고 있었기에 그 사정도 충분히 이해할 수 있었다. 결국 적당한 선에서 합의를 마치고 계약서에 도장을 찍었지만 못내 아쉽다는 생각이 들었다. 그리고 처음부터 계약 상황을 곰곰이 돌이켜 보았다.

그 결과 이 협상에서 나는 내가 원하는 것을 주장하기만 했을 뿐 내 것을 내려놓을 생각은 하지 않았다는 것을 깨달았다. 기존 시장의 조건에서 벗어나 내가 원하는 이익을 얻기 위해서는 마찬가지로 내가 누릴 수 있는 권리 역시 포기해야 하는 것 아닌가 하는 생각이 들기 시작했다. 협상은 결국 무엇이든 주고받는 자리니까. 성공적인 협상은 협상이 끝나고 돌아섰을 때 어느 한쪽도 졌다고 생각하지 않고, 양쪽 모두 '손해 보지 않았다'라고 느끼는 것이라는 컨설턴트 스튜어트 다이아몬드(Stuart Diamond)의 협상법을 나는 그렇게 경험으로 생생하게 깨달았다.

그래서 이미 출간 계약을 마친 상태였는데도 일부러 다른 출판사 여러 곳과 추가 미팅을 했다. 이 일은 지금도 그 출판사들에 미안하다. 이미 책을 낼 출판사가 정해진 상황에서 그들의 귀한 시간을 뺏은 꼴이었으니 말이다. 하지만 당시에는 그런 생각까지는 미처 하지 못했다. 아직 미숙한 시기이기도 했지만, 무엇보다 내가 원하는 조건을 새로운 방식으로는 얻을 수 있는지 미치도록 궁금했기 때문이다. 그렇게 두 곳의 출판사와 추가 미팅을 했고 첫 번째 미팅에서는 마찬가지로 내가 원하는 조건을 얻을 수 없었다. 내가 원한 조건이 내가 양보한 조건보다 컸기 때문이었다.

다시 영점 조준을 하고 나간 두 번째 미팅에서 결국 나는 내가 원하는 조건에 맞춰주겠다는 출판사의 답변을 받았다. 그때의 경험으로 확신했다. 예외 없는 기준이란 존재하지 않는다는 것을 말이다. 시장의 통념은 얼마든지 흔들 수 있다. 이때의 경험은 지금도 많은 협상을 진행해야 하는 나의 든든한 자산이 되었다. '정해진 것은 아무것도 없으며, 새로운 것은 언제든지 만들어질 수 있다'라는 내 나름의 협상 철학을 나는 그렇게 배웠다.

이처럼 능동적 상황 설계로 사이클을 빨리 돌릴 수만 있다면 지금 우리가 저지르는 모든 실수는 곧바로 자양분이 된다. 세컨더리 마인드를 얻으려는 사람은 이 점을 기억해야 한다. 배움의 완성은 경험이라는 사이클로 이루어진다는 것을. 그 사이클은 얼마든지 스스로 설계할 수 있다는 것을 말이다.

프로세스의 완성은
자신만의 십계명

　　지금까지 세컨더리 마인드를 깨우는 방법을 살펴보았다. 실수를 통해 무엇을 배울 것인지, 그 배움을 어떻게 극대화할 것인지에 관해 나는 세 가지 방법을 제안했다. 요약해 보면 다음과 같다.

　　첫 번째, 실수를 해석하는 자기만의 방식을 개발할 것.
　　두 번째, 실수를 목적지향형으로 광고할 것.
　　세 번째, 실수의 사이클을 주도적으로 설계할 것.

당신이 이 세 가지 방법을 두루 적용하며 자신만의 배움을 한 장 한 장 쌓아갈 수 있기를 바란다. 그렇다면 이 배움의 마침표는 무엇으로 찍을 수 있을까? 나는 그 마침표를 나만의 십계명 만드는 것으로 찍었다. 수많은 시행착오 속에서 내가 깨달은 것을 합치고 다듬어, 버릴 것은 버리고 남길 것은 남겨 최종적인 형태의 배움을 10가지로 정리한 것이다.

이렇게 한 이유는 '적는 행위'의 힘을 믿기 때문이다. 양자역학에서 중요한 개념 중 하나가 '관측'이다. 입자는 모든 곳에 존재하지만 관측하기 전에는 확률로만 존재할 뿐 알 수 없다고 한다. 알 수 없다니, 가장 비과학적 표현으로 가장 과학적인 진리를 설명하는 이 개념을 나는 좋아한다.

적는 행위는 양자역학의 관측과 많은 면에서 닮았다. 우리는 다양한 생각과 가치관을 머릿속에 품고 살아간다. 사람의 머릿속이란 너무나 방대하고 복잡하다. 서로 공존할 수 없는 가치관이나 생각들도 머릿속에서는 함께 존재한다. 다만 비율의 차이가 있을 뿐이다. 가령 자신이 강직한 사람을 좋아한다고 생각하는 사람의 머릿속에는 때로 누군가의 강직함이 불편하다는 생각도 얼마든지 있을 수 있다.

그래서 우리는 대부분 자신이 정확히 무엇을 좋아하고 무엇을 싫어하는지 규정할 수 없다. 어쩌면 당연하다. 모순되는 여러 생각을 가지고 사는 것이 인간이기 때문이다. 이런 복잡함을 하나의 방향으로 모으는 행위가 바로 적는 행위다. 글로 적는다는 것은 다양성이 가득한 머릿속 운동장을 관측하는 것과 비슷하다. 적는 순간 그 내용이 서서히 나를 깨우게 된다.

가령 강직한 사람을 좋아하기도 싫어하기도 하는 한 사람이 '나는 강직한 사람이 좋다'라는 글을 쓰는 순간, 머릿속에서는 일사불란하게 생각들이 정리된다. 강직한 사람을 좋아하는 방향으로 말이다. 그래서 자신에 대해 적는다는 것은 곧 자신을 규정한다는 뜻이다. 자신을 규정하게 되면 그것과 맞지 않는 생각들은 머릿속에서 지워지기 시작한다. 그래서 나는 사람이 생각한 대로 적는 것이 아니라 적은 대로 생각하게 된다고 믿는다.

제2차 세계대전 때 미군 포로를 잡은 소련은 그들에게

강제로 공산주의를 교육하지 않았다. 다만 아주 적은 양의 밥을 제공하며 공산주의를 긍정하는 글을 쓰는 사람의 식사량만 늘려주었다. 많은 미군이 배고픔에 시달리다 살기 위해 공산주의를 긍정하는 글을 적었다. 그러나 글을 적는 사이 그들의 생각은 조금씩 변해갔다. 고작 굶주림을 피하려고 그런 글을 적은 자신을 부정한 것이다. 그리고 혹시 자신이 스스로 적은 글처럼 공산주의자가 아닐까 하는 생각을 하게 되었고, 그 결과 많은 군인이 실제로 공산주의자로 전향했다. 적는 행위의 힘을 잘 보여주는 사례다.

적기 시작하면 적은 것들을 말하게 된다. 말하기 시작하면 그 말을 자신의 생각이라고 진실로 믿게 된다. 믿음은 서서히 자신의 신념이 되어간다. 신념은 그 사람을 설명하는 모든 것이다. 결국 적음으로써 그 사람의 모습이 정해지는 것이다.

나에 대해 적는다는 것은 내가 어떤 사람인지를 결정하는 첫걸음인 셈이다.

시행착오를 통해 얻게 된 수많은 깨달음을 내 삶에 적용하다 보면 이 깨달음이 단순히 다음 실수를 막는 역할만 하는 게 아님을 알게 된다. 실수를 막아주는 것을 넘어 앞으로 찾아올 모든 상황에 내가 대응하는 방식이 되어간다. 나만의 위기 대응 방식 혹은 규칙이 되어가는 것이다. 그것을 정리한 것이 바로 '세컨더리 마인드를 위한 십계명'이다. 자기만의 규칙이 탄탄해질수록 그 사람은 일관성 있는 모습으로 발전해 간다. 그리고 그 일관성의 힘으로 누구와도 다른 자신만의 성공을 그려갈 수 있게 된다.

인생이라는 백지 위에 시도라는 펜을 들고 실수를 통해 배운 것들을 잉크 삼아 나라는 사람을 적을 때 자신만의 세컨더리 마인드는 완성된다.

이런 이유로 십계명을 적을 때는 남의 눈을 의식하거나 사회적 시선을 신경 쓸 필요가 없다. 오히려 이런 것들로부터 자유로워지라고 권하고 싶다. 실수에서 얻은 배움으로 나라는 사람을 정의할 때 타인의 시선은 장애물일 뿐이다. 누군가에게 십계명을 보여주지 않아도 된다. 애초에 자랑하기 위해 만든 것이 아니니 온전히 나만의 깨달음을 담을 때 진짜 나를 정의하는 규칙을 만들 수 있다.

꼭 10가지가 아니어도 괜찮다. 더 적어도 좋고 덜 적어도 상관없다. 다만 머리가 그다지 좋지 않은 나는 10가지 이상을 기억하고 지킬 자신이 없어서 십계명으로 정한 것뿐이다. 10가지로 내용을 한정해 놓으니 성장 과정에서 버려야 할 규칙과 추가해야 할 규칙도 선별할 수 있었다. 축구 리그의 강등과 승급처럼 말이다. 이 역시 나의 발전에 도움이 된다는 것을 느꼈다. 인공 호수를 만들 때 물을 맑게 하려고 주기적으로 고인 물을 걷어내고 새 물을 채워 넣듯이 말이다.

지금의 십계명이 10년 뒤에는 모두 바뀌어 있을지도 모른다. 그러나 괜찮다. 그만큼 내가 더 많은 시행착오를 경험했다는 뜻일 테니. 그 실수의 수만큼 현실에 안주하지 않고 계속 도전했다는 의미일 테니.

어찌 되었든 이것은 내게 맞는 방식이니 당신은 당신에게 맞는 방식으로 변형해 적용하면 된다. '적는 행위'

첫째, 언제나 내가 틀릴 수 있다는 것을 전제한다.

둘째, 첫 번째 조항을 부정하고 싶다면 그로 인해 많은 것을 잃을 각오가 되어 있는지 확인한다.

셋째, 지금 궁금한 것을 그냥 지나치면 언젠가 그 답은 비수가 되어 내게 날아올 것임을 명심한다.

넷째, 사람은 기본적으로 악의로 가득 찬 존재임을 기억한다.

다섯째, 그래도 이왕이면 나는 사람답게 행동하려고 노력한다.

여섯째, 사람은 고쳐 쓰는 존재가 아니며 나는 누군가를 고쳐줄 만큼 대단한 사람도 아님을 기억한다.

일곱째, 나는 시장을 이기는 서비스를 만들 수는 없다는 것을 인정한다.

여덟째, 계획한 모든 것을 이루었지만 예정대로 이룬 것은 단 하나도 없었음을 늘 기억한다.

아홉째, 모르는 것을 마주했을 때 해야 하는 말은 "나는 모릅니다. 그러니 내게 알려주세요" 하나뿐이라는 것을 기억한다.

열째, 고맙다는 말과 미안하다는 말은 시기를 놓치면 아무런 의미가 없다는 것을 명심한다.

하나만 지켜낸다면 어떠한 형태든 상관없다.

　위의 10가지 다짐이 그렇게 완성한 지금 나의 십계명
이다. 나의 십계명에는 유난히 사람에 관한 내용이 많다.
내 실수의 많은 부분이 사람과 연결되어 있기 때문이다.
나의 십계명을 당신이 어떻게 생각할지는 모르겠다. 동의
하는 것도, 동의할 수 없는 것도 있을 것이다. 그러나 상
관없다. 나의 십계명은 누군가의 동의를 얻기 위해 만든
것이 아니니까. 당신도 그러했으면 좋겠다. 당신의 십계
명이 누구의 동의도 필요 없이 단지 지금의 당신을 가장
잘 표현하고 있는 것이라면 좋겠다.

　실수를 통해 배워가다 보면 알게 될 것이다. 당신이 무
엇에 약하고, 무엇에 반응하며, 무엇을 좋아하고, 무엇을
싫어하는지 말이다. 그러는 사이 당신은 한층 더 성장해
나갈 것이며 어느 순간 깨닫게 될 것이다. 나를 성공으로
이끄는 나만의 십계명이 이미 만들어지고 있음을. 그리
고 글로 그 십계명을 적는 순간 세컨더리 마인드는 더 강
해질 것이다. 당신은 실수로부터 가장 자유로운 존재이자

실수의 가장 친한 친구가 될 것이다. 이 책을 통해 당신의
그날이 하루라도 앞당겨질 수 있길 기대한다.

3장

세컨더리 마인드가 만드는
삶의 행동가짐

인생의 치명적 오점을 피해 가는 처세술

불공평하다고 멈추는
어리석음을 경계하라

인생에 통달하는 첫 번째 발걸음은 삶이 공평하지 않음을 인정하는 것이다. 이 말은 실제로 빌 게이츠(Bill Gates)가 아들에게 했던 말이다. 전적으로 동의한다. 인간의 역사가 시작된 이후로 모든 이의 삶이 공평했던 적은 단 한 번도 없었다. 어제까지 우리가 살아온 세상에서도, 오늘 우리가 살아가는 세상에서도, 앞으로 우리가 살아갈 세상에서도 이것은 변하지 않는 진리다. 슬프지만 사실이다.

태어났을 때부터 우리가 가지고 있는 유무형의 자산은

모두 다르다. 이 자산의 차이가 불공평을 만들어낸다. 염세주의나 비관주의를 논하려는 것이 아니다. 삶을 관통하는 이 사실이 시행착오에도 그대로 적용된다는 것을 이야기하기 위한 전제다. 실패의 무게 역시 불공평하기 때문이다. 같은 실패라도 누군가에게는 가벼운 배움으로 끝나지만, 누군가에게는 회복하기 힘든 좌절의 시간이 될 수 있다.

예를 들어 투자 실패로 100만 원의 손실이 났다고 가정해 보자. 이 실패의 무게는 어떨까? 같은 금액이라도 시드머니가 얼마냐에 따라 체감하는 무게는 달라질 것이다. 시드머니가 200만 원인 사람은 이 실수가 무척 뼈아프게 느껴질 것이다. 그러나 시드머니가 10억 원인 사람은 대수롭지 않게 여길 것이다. 만약 시드머니가 100만 원인 사람이라면 어땠을까? 아마 이 좌절은 회복 불가능할 정도로 다가올 것이다. 가진 자산의 크기에 따라 실패의 무게와 영향력이 달라지는 것. 이것이 바로 시행착오의 불공평함이다.

조금 더 이야기해 보자. 만약 그 시드머니를 자신이

일군 것이라면 이 불공평함도 어느 정도 납득할 수 있을지 모른다. 그런데 그 돈이 각자의 부모로부터 물려받은 돈이라면 어떨까? 전자보다 더 불공평하게 느껴질 것이다. 안타깝지만 나는 후자의 불공평한 상황을 많이 목격해 왔다.

타고난 것의 차이로 인해 똑같이 실패해도 누군가는 성장하고 누군가는 무너진다.

개천에서 용 나는 것이 어려워진 요즘이다. 부의 재분배보다 부의 세습이 더 일반적인 세상이다. 열심히 공부하면 무조건 좋은 대학에 갈 수 있다는 이야기는 이미 옛말이다. 일명 'SKY'라 불리는 서울대학교, 연세대학교, 고려대학교 입학생 중 50%는 고소득층의 자녀라고 한다. 자산을 물려주는 것에 더해 이제는 학벌까지 물려주는 세상이 되어가고 있다. 예일대학교의 대니얼 마코비츠(Daniel Markovits) 교수는 'aristocracy(귀족주의)'의 시대에서 'meritocracy(능력주의)'의 시대로 양상이 변화하고 있다고 말했지만, 그 말은 결국 지식과 능력마저 자식에게 물려주는 시대가 되었다는 것이다. 드라마 「스카이 캐슬」 속 이야기가 비단 허구가 아님을 우리는 이미 알고 있다.

많은 것을 가진 사람에게는 그만큼 많은 시행착오가 허용된다. 그 무게가 상대적으로 가볍기 때문이다. 배움이 많으니 성장할 가능성도, 그렇게 성공할 가능성도 크다. 반면에 많은 것을 가지지 못한 사람은 매번 살얼음판 위에서 넘어지지 않으려 노력할 수밖에 없다. 단 한 번의 실패로 나락을 경험하거나 영영 이전의 삶을 회복하지 못할 수도 있기 때문이다.

그럼에도 불구하고 우리는 여전히 미디어를 통해 수많은 자수성가를 목격한다. 성공한 그들은 누구보다 불우하고 가난했던 자신의 어린 시절을 이야기하며 바닥부터 올라온 자신의 사연을 들려준다.

성공한 소수의 미담을 경계하라. 이는 미디어의 폭력이다.

그들보다 훨씬 많은 사람이 환경에 발목 잡혀 성장하지 못했을 것이며 몇 번의 실패로 돌이킬 수 없는 추락을 경험했을 것이다. 우리는 주로 수많은 시체 더미 위에 핀 한 송이 꽃에 집중한다. 미디어가 꽃을 비추는 사이 누구도 그 시체 더미에는 신경 쓰지 않는다. 오히려 이 미담은 우리를 공격하는 도구가 된다. 저렇게 성공한 사람도 있는데 너는 지금 뭐 하는 것이냐고 말이다. 너의 모든 실패는 결국 너의 탓이라면서 말이다.

『긍정의 배신』(부키, 2011)을 쓴 바버라 에런라이크(Barbara Ehrenreich)는 본인이 암 투병을 하며 사실 암을 극복하는 사람은 아주 소수임에도 불구하고 그들의 극복 사례가 암을 극복하지 못한 많은 사람에게 심리적 폭력으로 다가갔음을 고백했다. 마치 암을 극복하지 못한 사람은 긍정적이지 않아서, 의지가 없어서 그런 것이라는 식으로 말이다. 그렇게 되면 어느 순간 암을 극복하지 못한 사람이 마치 부적격자 혹은 탈락자처럼 인식되어 버린다. 공평하고 평등했던 싸움터에서 패배한 사람이라는 식이다.

타고난 배경을 등에 업고 남들보다 유리한 조건에서 성공한 이들은 결코 미디어에 노출되지 않는다. 설사 노출되더라도 미디어는 결코 그들의 배경을 이야기하지 않는다. 대중이 원하는 성공담이 무엇인지 미디어는 잘 알고 있기 때문이다. 무일푼으로 시작해 성공했다는 사람이 사실 의사 집안의 자식이라는 것을, 죽기 살기로 공부만 해서 아이비리그에 들어갔다고 말하는 사람이 사실 기여입학생이었다는 것을 미디어는 결코 말하지 않을 것이다.

이런 속사정을 외면한 채 지금도 세상에는 근거 없는 의지와 희망만이 난무하고 있다. 분명한 것은 세상이 그리 공평하지 않고 그것이 우리가 세컨더리 마인드를 일깨우는 데 큰 영향을 준다는 것이다. 이 사실을 부정할 수는 없다. 그러나 이런 이유로 마냥 포기한 채 아무것도 하지 않는 패배 의식에 휩싸일 필요는 더더욱 없다.

그러니 우선 이 불공평함을 인정하길 권한다. 인정해야 현재 내가 처한 상황을 정확히 직시할 수 있다. 직시할 수 있어야 그에 맞는 전략도 세울 수 있다. 이제 진짜 후발제인의 전략을 실행할 때다. 불공평한 상황을 역전시킬 우리의 전략은 무엇일까?

지금 내가 가진 것들을 정확히 알고 그에 맞는 시행착오를 경험하

는 것이다.

다행인 건 시행착오로부터 배우려면 '규모'보다 '비율'이 더 중요하다는 것이다. 앞선 예로 돌아가 보자. 똑같이 100만 원의 손실이 났다면 분명 시드머니의 양에 따라 저마다 느끼는 고통의 크기가 다를 것이다. 여기서 고통의 크기는 배움의 가능성과 직결된다. 전혀 고통스럽지 않다면 자극도 되지 않는다. 그렇다면 아무것도 배우지 못할 가능성이 크다. 100억 원을 가진 사람이 100만 원을 잃는다고 해서 어떤 배움을 얻기는 힘들 것이다. 반면 너무 고통스러우면 배우기도 전에 자포자기할 가능성이 크다. 자신이 가진 시드머니 100만 원을 전부 잃는다면 여기서 배움을 얻기보다 완전히 무너질 가능성이 더크다는 뜻이다. 그러나 100억 원을 가진 사람이 10억 원을 잃는다면 어떨까? 이 실수가 꽤 고통스럽게 다가올 것이다. 그로 인해 무언가를 배울 수 있을 것이다. 100만 원을 가진 사람이 10만 원을 잃는 것도 마찬가지다. 역시나 비슷한 크기의 고통을 경험할 것이고 무언가를 배울 가능성도 커진다. 바로 이 10%의 비율이 중요하다. 사람마다 가진 것의 크기는 다르지만 그 비율이 시행착오에서의 배움을 극적으로 만드는 황금 비율인 것이다.

시행착오에서 규모보다 중요한 것은 언제나 비율이다.

핀란드에서는 교통 범칙금을 '일수벌금제'로 도입하고 있다. 우리나라처럼 범칙금을 행위에 따라 정량으로 매기는 것이 아니라 그 사람의 하루 일당을 기준으로 차등해 매기는 것이다. 이 기준에 따라 핀란드의 한 재벌이 속도위반으로 약 1억 원의 벌금을 문 사례는 너무나 유명하다. 핀란드가 일수벌금제를 시행하는 이유 역시 같은 맥락이다. 범칙금의 목적은 경각심을 주는 것이기에 그 목적에 부합하기 위해 '경각심을 느끼는 금액'을 사람마다 다르게 산정하는 것이다. 즉 가난한 사람에게는 가난한 사람의 기준에서 경각심을 느낄 만한 금액을, 부유한 사람에게는 부유한 사람의 기준에서 경각심을 느낄 만한 금액을 부과한다. 그래서 벌금의 규모는 다르지만 비율은 동일하다. 가령 속도위반은 '위반자가 40일 일하고 받는 비용'으로 정하는 식이다.

그러니 우리는 결국 나에게 최적화된 비율을 고민해야 한다. 꽤 고통스러워 오래도록 기억할 수 있는 시행착오지만 이 때문에 무너지지는 않을 정도, 이 과정에서 무언가 배울 수 있을 만큼의 심리적 여유를 허락하는 비율을 5%로 정했다고 치자. 이 비율을 정하는 순간 어떤 일에서 실패했을 때 감내해야 하는 고통을 사전에 계산할 수 있게 된다. 그 비율이 5% 내외라면 그에 따른 고통도 기꺼이 감수할 수 있을 것이다. 그러나 만약 그 비율이 10%, 20%를 넘어간다면? 좀 더 신중해져야 할 것이다. 모든 결과를 수치로 나타낼 수는 없겠지만 대략적으로나마 수치화해 전략을 짜는 과정은 반드시 필요하다.

실패했을 때의 고통이 클 것 같으면 시도하지 말라는 뜻이 아니다. 오히려 반대다. 큰 고통이 따르는 일을 시도하기 전에 본인이 충분히 감내할 수 있는 시도들을 미리 해보라는 것이다. 작은 시도들로 배움을 얻은 뒤에 큰 도전 앞에 서라는 말이다.

처음부터 큰 고통이 따르는 일을 저지르지는 말라는 것이 진짜 내가 하고 싶은 이야기다. 특히 본인이 가진 것이 현저히 적다면, 그래서 한 번의 큰 실패가 돌이킬 수 없는 나락으로 이어질 수 있다면 더욱 그래야 한다.

　이런 과정 자체가 불공평하게 느껴질 수도 있다. 그러나 달리 보면 형평일 뿐이다. 형평은 동등한 자에게는 동등하게, 그렇지 않은 자에겐 그렇지 않게 대하는 것을 말한다. 처음부터 내가 가진 것이 적으니 당연히 내가 치러야 하는 과정이 더 많아진 것뿐이다. 이를 인정하고 나의 시도를 전략적으로 배분하는 것, 이것이 세컨더리 마인드의 첫 번째 처세술이다. 12년 전, 나의 첫 책에 적었던 이 문구를 나는 여전히 믿고 있다.

삶은 공평하지 않다. 그러나 그것이 우리가 멈추어야 할 이유가 되지는 않는다.

절대 '도파민'에
빠지지 마라

시행착오가 가치 있는 이유는 배울 수 있기 때문이다. 무언가를 배운다는 것은 다시 걸어간다는 말과 같다. 돌부리에 걸려 넘어졌지만 이내 훌훌 털고 일어나 다시 걸어갈 수 있다면 그 과정은 가치 있다. 그러나 만약 넘어지는 순간 재수가 없어 그대로 죽어버린다면? 그래서 두 번 다시 일어설 수도, 다시 걸을 수도 없게 된다면? 그렇게 넘어지는 것은 아무런 도움도 되지 않는다. 도움이 되지 않는 것뿐만 아니라 절대로 그렇게 넘어져서는 안 된다. 그런 실수들이 세상에는 존재한다.

유복한 집안의 한 남자가 있다. 경제적으로도, 정서적으로도 말이다. 자신이 해야 하는 일에 집중할 수 있는 좋은 환경을 그는 십분 활용했다. 일류 대학교에 진학했고 대기업에 입사해 사회생활을 시작했다. 대기업에서 충분히 시스템을 익힌 그는 곧바로 창업 전선에 뛰어들었다. 그간 본인이 쌓은 훌륭한 인맥과 부모님의 자산까지 더해져 그는 사업 시작부터 남들보다 유리한 위치에 설 수 있었다. 물론 이 모든 과정에서 그는 누구와 비교해도 늘 최선을 다하는 사람이었다. 그늘 없는 그의 성향을, 거만함 없는 그의 태도를 사람들은 좋아했다.

불행은 사업의 성장과 함께 찾아왔다. 사업이 번창함에 따라 추가 확장 기회를 잡기 위해 싱가포르의 박람회에 갔을 때 우연히 현지 업체의 권유로 카지노를 방문하게 된 것이다. 그리고 하룻밤에 무려 3000만 원이 넘는 돈을 벌게 된다. 초심자의 행운이었다. 그러나 그 운은 그를 나락으로 이끈다. 짧은 시간에 큰돈을 딴 그 경험이 계속해서 떠올랐던 거다. 이후 그는 계속해서 열심히 사업을 꾸려나갔지만 틈나는 대로 싱가포르, 필리핀 바이어와의 미팅 자리를 만들고 그 나라들로 찾아가 카지노에 가기 시작한다. 처음 몇 달간은 제법 승률이 높았다. 사업 관련 활동도 병행했기 때문에 사업 성과도 찾아왔다. 모든 것이 좋아 보였다. 처음 몇 달간은 말이다.

이후 그는 차츰 돈을 잃기 시작한다. 어쩌면 당연하다. 개인의 유한한 자본이 카지노의 무한한 자본을 이길 수는 없는 법이니까. 몇십만 원이었던 하룻밤 도박 자금은 어느새 몇백만 원을 넘어 몇천만 원이 되어가고 있었다. 그러는 사이 회사 일에 대한 집중도도 서서히 낮아졌다. 매일 잠자리에 들면 잃은 돈이 떠올랐고, 그 돈을 어떻게든 복구해야 한다는 생각만이 가득했다. 그러는 사이 코로나가 끝나고 시중의 자금 유동성이 줄어들었다. 자연스럽게 투자 유치가 어려워지며 그의 사업은 점점 곤경에 처하게 되었다.

만들어낸 이야기가 아니다. 요즘 그는 후속 투자를 받기 위해 분주히 움직이고 있다. 그래도 그간 열심히 노력했던 시간과 정성이 있기에 그의 회사는 조금씩 안정화되고 있다. 부모님의 인맥도 그에게 많은 도움을 주고 있다. 도박에 빠지기 전에 들였던 노력과 타고난 무형 자산의 힘이 있었기에 가능한 일이었다. 앞서 말했던 삶의 불공평함에서 그는 혜택을 받는 쪽이었다.

다만 눈에 띄게 빛나던 그의 안광이 사라진 것은 여전히 걱정스럽다. 물론 이 이야기의 끝을 나는 알 수 없다. 그런데도 그의 삶을 이 책에서 언급한 이유는 이 이야기 속에 우리가 절대로 하지 말아야 하는 실수가 있기 때문이다.

도파민을 망가트리는 실수가 그것이다.

도박이나 음주 혹은 마약처럼 도파민을 망가트리는 일은 무슨 일이 있어도 시작해서는 안 된다. 유혹은 주로 언제 찾아올까? 바로 쉼과 성과의 순간에 찾아올 가능성이 크다.

목표를 향해 열심히 달린 자신에게 약간의 쉼이 필요하다고 생각하는 순간 혹은 괄목할 만한 성과를 달성하는 순간 유혹은 찾아온다. 나는 쉼과 성과에 대한 보상은 반드시 필요하다고 믿는 사람이다. 잘 쉴 줄 알아야 다음으로 나아갈 수 있고 성과에 대한 보상이 확실해야 다음 도전을 위한 동기부여가 된다고 믿는다.

그러나 이 과정에서 사람은 얼마든지 실수할 수 있다. 가령 쉬는 기간이 너무 길어져 다시 목표를 향해 전진하는 모드로 돌아오는 데까지 오랜 시간이 걸린다든가, 성과에 대한 보상을 주변 사람들에게 과시해 오히려 신용을 잃게 된다든가 하는 실수들 말이다.

물론 이 과정에서 배움을 얻을 수도 있다. 전자에서는 다시 삶의 긴장감을 끌어오는 자기만의 방식을 배울 수 있을 것이고, 후자에서는 인간관계를 훼손하지 않는 화법과 태도를 깨닫게 될 것이다.

그러나 도파민을 망가트리는 실수는 전혀 다르다. 쉽게 말해 도파민을 망가트리는 실수는 세컨더리 마인드의 전제 조건을 없앤다. 우리가 목표를 설정하고 매 순간 치열한 시행착오를 통해 성장할 수 있는 것은 우리에게 '의지'가 있기 때문이다. 의지는 가슴에서 우러나오는 것이 아니다. 뇌의 상호작용으로부터 만들어진다. 수천만 개의 시냅스가 다양한 호르몬을 만나고 다양한 형태의 화학작용을 거쳐 만들어지는 것이 의지다. 그러나 도파민 중독은 뇌의 기능을 망가트려 버린다. 그 결과 정상적인 화학

작용이 더는 일어나지 않게 된다. 의지가 없어지는 것이다. 나아가겠다는 생각 자체가 없어져 버린다. 그 순간 세컨더리 마인드도 의미가 없어진다. 중독과 관련해 내가 가장 싫어하는 말은 "의지가 있으면 극복할 수 있다" 혹은 "의지가 약해서 극복하지 못하는 것이다"라는 말이다. 이건 정말 아무것도 모르고 하는 말이다.

의지가 약해서 중독되는 것이 아니다. 의지가 생겨날 수 없는 상태에 빠지기 때문에 벗어날 수 없는 것이다.

이건 극복하고 말고의 문제가 아니기 때문에 처음부터 시작해서는 안 된다. 절대로 발을 들여놓아서는 안 되는 것이다. 한번 빠져들면 내가 소중하다고 생각했던 모든 것이 하찮게 느껴질 수 있다. 한번 망가진 회로는 아쉽게도 이전의 상태로 돌아오지 않는다. 깨진 거울과 같다. 한번 깨진 거울은 결코 처음의 모습으로 돌아갈 수 없는 것처럼. 내가 그의 눈에서 더 이상 예전의 총기를 발견할 수 없는 것처럼 말이다.

서른네 살의 나는 술을 무척 좋아했다. 한창 작가로서의 삶에 몰입했던 시기였다. 글을 쓴다는 핑계로, 글이 안 써진다는 핑계로, 글의 소재가 필요하다는 핑계로 정말 많은 사람을 만났고 그 만남의 끝은 언제나 술자리였다. 다행히 아버지로부터 튼튼한 간을 물려받은 탓에 그 많은 술자리를 가지면서도 숙취로 고생하거나 몸이 상한다는 생각은 들지 않았다. 그렇게 8개월이 넘는 시간 동안 거의 매일같이 술을 마셨다.

어느 날, 별다른 약속이 없어 집에서 혼자 쉬고 있을 때의 일이다. 점심으로 김치찌개에 밥 한 숟갈을 입에 떠 넣었을 때였다. 갑자기 소주가 먹고 싶다는 생각이 들었다. 처음이었다. 밥을 먹으면서, 그것도 혼자 있으면서 소주가 생각난 적이 없었기 때문이다. 대낮부터 무슨 술이냐는 생각에 서둘러 밥을 먹고 오랜만에 집 청소를 시작했다. 그런데 청소하는 내내 소주 생각이 머릿속에서 사라지지 않는 것이었다. 그 생각은 저녁을 지나 밤까지 계속되었다. 술자리의 분위기나 사람들과의 만남을 원하는 것도 아니었다. 그냥 술 생각만 계속 들었다.

문득 무서운 생각이 들어 알코올 중독 자가 테스트를

해보았다. 인터넷에 올라와 있는 가벼운 테스트였다. 몇십 가지 문항에 답하고 결과를 보니 '알코올 의존증 초기 단계'라는 진단이 나왔다. 큰 충격이었다. 다시 검사를 해보아도 마찬가지였다.

나는 그날 이후로 다음 해가 될 때까지 모든 술자리를 끊었다. 다행히 그 기간에 제어할 수 없을 만큼 술이 생각나거나 술을 먹지 않아 피폐해질 정도의 정신적 어려움을 겪지는 않았다. 그러나 나는 이따금 생각나는 소주 한 잔의 유혹과 싸워야 했다. 굉장히 불쾌한 경험이었다. 그때 처음으로 나에 대한 통제권을 두고 나 자신과 싸우고 있다는 느낌을 받았기 때문이다.

물론 요즘에도 한 달에 한 번 정도는 술자리를 가진다. 어떤 때는 과음하는 날도 있다. 그러나 대부분은 적당한 선에서 술자리를 끝내려 노력한다. 적당한 수준으로만 이 문화를 즐기고 있다. 지금 와 생각해 보면 내가 술을 통제할 수 있었던 이유는 김치찌개와 함께 소주가 떠올랐던 그 순간 한 발을 더 내딛지 않아서다. 도파민이 망가지기 전에 도망쳤기 때문이다. 만약 그날 대수롭지 않게 냉장고에 넣어둔 소주 한 병을 꺼내 마셨다면 어떻게 되었을까? 그날 그렇게 혼자 소주를 마시고 계속해서 술자리를 가졌다면 알코올 중독이 찾아왔을 때 나는 과연 극복해 낼 수 있었을까? 장담할 수 없다. 그 지경까지 갔다면 그때 내 뇌는 이미 망가졌을 테니까. 그런 상태의 나를 지금은 상상할 수도 없다.

실수는 우리를 성장시킨다. 그러나 그건 어디까지나 실수를 받아들이는 우리가 온전할 때 이야기다. 도파민을 망가트리는 실수는 온전한 우리를 망가트린다. 그 즉시 말이다. 이 점을 명심해야 한다. '나는 괜찮겠지', '나는 돌아올 수 있겠지'라며 간과하지 마라. 어떤 실수는 '나' 자체를 지워버릴 수 있다는 것을 명심해야 한다. 멈춰야 하는 순간에는 망설임 없이 멈출 수 있는 것. 이것이 내가 전하는 세컨더리 마인드의 두 번째 처세술이다.

도파민 중독의 유혹 앞에서 만용을 부리지 마라. 도망치는 것이 최고의 용기임을 명심하자.

때론 브레이크 밟는 것이
진짜 용기다

「비정상회담」이라는 방송 프로그램에서 매우 흥미로운 주제를 다룬 적이 있다. '표현의 자유를 어디까지 허용해야 하는가' 하는 주제였다. 이 주제에 대한 나라별 생각이 완전히 다른 것에 내심 놀랐던 기억이 난다.

표현의 자유가 가장 널리 인정되는 나라는 미국이다. 그 프로그램에서 미국 대표로 출연했던 한 방송인이 이야기하는 자유의 범위는 실로 놀라웠다. 말 그대로 범위라고 할 것이 아예 없을 정도의 자유였기 때문이다.

그는 미국에서도 표현의 자유에 대한 뜨거운 논란을

불러일으켰던 사건을 이야기했다. 파병에서 사망한 동성애자 군인의 장례식 날에 장례식장 주변엔 기독교 신자들이 모여들었고 그중 반동성애주의자로 유명한 프레드 펠프스(Fred Phelps) 목사가 팻말에 '그가 죽은 것에 대해 하느님께 감사한다'라는 문구를 새겨서 흔든 것이다. 그가 죽은 것은 동성애자이기 때문이고, 이는 곧 천벌이라며 유족들을 조롱하기까지 했다.

방송에 출연한 미국 대표는 펠프스의 의견이 옳고 그름을 떠나 침해되어서는 안 된다고 주장했다. 그 프로그램에 출연한 많은 패널이 이 말에 동의하지 않았다. 결과적으로 이 사건은 대법원의 재판까지 갔다. 재판 결과 펠프스는 무죄를 선고받았다. 미국이기 때문에 가능한 결과였다고 생각한다.

나 또한 미국 대표의 주장을 머리로는 이해했지만, 가슴으로는 이해하지 못했다. 당신의 생각도 궁금하다. 표현의 자유는 그게 무엇이든 허용되어야 할까? 그렇지 않다면 넘지 말아야 할 선이 있을까? 당신이 어떤 답을 가지고 있느냐에 따라 지금부터 내가 할 이야기에 대한 의견 또한 달라질 것 같다. '실수할 자유'에 관한 이야기다.

나는 자유의 무한성을 경계한다. 누구도 피해 보지 않았다는 것이 전제되어야 자유로울 수 있다는 게 나의 믿음이다.

실수할 자유라는 말이 처음에는 다소 어색하게 들릴 수 있지만, 앞의 사례처럼 개인의 시행착오가 허용되는 범위를 다시 생각해 보자는 것이다. 내가 저지르는 실수가 허용되는 범위에 대해 생각해 본 적 있는가. 나는 실수에도 허용되는 범위가 있다고 생각한다. 넘지 말아야 할 선이 있는 것이다. 아무리 우리에게 마음껏 시도해 볼 자유가 주어졌다지만 그것이 무엇이든 가능하다는 이야기는 아니다. 가장 대표적인 선은 바로 이전 장에서 이야기했던 도파민을 망가트리는 행위다.

하지 말아야 하는 시행착오는 그 행위의 영향이 누구에게 미치느냐에 따라 정해진다. 자신이 저지른 일의 책임은 자신을 향해야 한다. 나의 성공을 위해 이것저것 시도하다가 실수를 저질렀다면 그 실수의 책임은 온전히 내가 지는 것이 맞다. 피해를 봐도 내가 봐야 하고, 손해를 봐도 내가 봐야 한다.

만약 내가 어떤 실수를 저질렀는데 그 책임을 내가 아

닌 다른 사람이 져야 한다고 생각해 보자. 가령 당신이 주식을 시작했는데, 아직 주식 투자 경험이 없어 무리해서 투자를 진행하는 바람에 투자금 전부를 잃었다. 그런데 문제는 그 돈이 당신의 자금이 아니라는 것이다. 그 돈은 주변의 지인들로부터 빌린 돈이었다. 당신이 투자에 실패함으로써 당신을 믿고 돈을 빌려준 지인들이 경제적으로 어려워졌다면 이런 시행착오는 저질러도 되는 시행착오일까?

물론 이 과정에서도 당신은 무언가를 배울 수 있을 것이다. 어쩌면 이 과정에서 주식을 제대로 배울 수 있을지도 모른다. 그러나 나는 이런 실수는 절대 저질러서는 안 된다고 생각한다. 내가 생각하는 실수의 적정선이다.

시행착오의 범위가 무한하다고 여기는 사람은 이 말에 동의하지 않을지도 모른다. 목표가 명확했고 의도가 순수했다면 모든 실수가 괜찮다고 말할 수도 있다. 그런 실수들을 통해 큰 성공을 거두고 돈이야 나중에 갚으면 되는 것 아니냐고 생각할 수도 있다. 그 생각이 틀렸다고는 이야기할 수 없다. 나 또한 그렇게 생각하는 사람들을 여럿 만나봤고, 그중에서는 실제로 성공한 후에 몇 배로 과거의 피해를 보상하는 사람들도 있었으니까.

그럼에도 이런 실수는 하면 안 된다고 생각한다. 단순히 도덕성만을 문제 삼는 것은 아니다. 관점을 조금 바꿔보자. 내가 실수를 저질러서 얻는 배움의 가치를 A라고 해보자. 그 책임을 온전히 나만 질 때는 배움의 가치가 여전히 A이지만 그 책임이 다른 사람을 향한다면 나는 타인에게 피해를 준 것이다. 그것으로 신용을 잃을 수도 있고, 그들이 내게 앙심을 품어 나를 공격할 수도 있다. 그렇게 내가 받을 수 있는 피해의 총합을 B라고 하자. 그렇게 되면 그 실수의 가치는 A-B의 결괏값이 된다.

이 중 A가 더 큰지, B가 더 큰지는 알 수 없다. 그러나 분명한 것은 타인에게 피해를 주는 실수는 내게 생각지도 못한 추가 손실을 입힌다는 것이다. 굳이 나의 소중한 무형 자산을 망가뜨려 가면서까지 그런 실수를 저질러야 할 이유가 있을까? 말 그대로 굳이 말이다. 내가 책임질 수 있는 시행착오를 통해서도 나는 얼마든지 성장할 수 있다. 가장 많은 것을 얻는 자가 가장 많은 책임을 지는 것이 세상의 이치다.

나는 안전하게 세컨더리 마인드를 갖추기 위해서는 시

행착오의 영향력이 언제나 자신을 향해야 한다고 생각한다. 물론 여기에도 모순은 존재한다. 오직 자신만 손해를 보는 시행착오가 몇이나 되겠는가. 사회적으로 연결되어 살아가는 우리에게 온전히 독립적인 사건은 그리 많지 않다. 우리는 알게 모르게 모두와 조금씩 연결되어 있으며 모두에게 영향을 미치며 살아간다. 그렇기에 온전히 자신만 모든 책임을 질 수 있는 시행착오는 그리 많지 않을 것이다.

내가 직장인이라면 협업하는 기업과의 어설픈 협상 실수는 결국 내가 다니는 회사 전체에 피해를 줄 것이고, 내가 전업 투자자라면 나의 투자 실수는 가족의 생계를 어렵게 만들 것이다. 내가 사업가라면 투자자와의 미팅에서 저지른 실수로 회사의 모든 직원이 하루아침에 직장을 잃을 수도 있다. 이처럼 대부분의 실수는 그 영향력이 주변에까지 미친다.

그래서 그 영향이 오직 자신에게 향하는 실수만 하라고 쉽게 말할 수도 없다. 너무 이상적인 이야기이기 때문이다. 그래서 가장 현실적인 방법은 행위의 의도와 그로 인한 피해가 나와 타인에게 각각 미치는 비율을 미리 계산하여 시행착오의 기준선을 마련하는 것이다.

우선 처음부터 타인에게 피해를 주기 위한 행위는 저질러서는 안 된다. 누군가를 싫어해서 그를 비방한다든가 자신의 권력을 이용해서 타인에게 불합리한 일을 시키는 것 따위 말이다. 훗날 자신의 잘못을 깨닫고 과거를 반성한다고 하더라도, 그리고 그로 인해 한층 더 성장할 수 있다고 하더라도 그런 행위는 처음부터 해서는 안 된다.

시행착오가 미치는 피해의 정도를 비교했을 때 나보다 타인에게 압도적으로 높은 피해가 가는 경우도 마찬가지다. 성공하기 위해 내가 어떤 시도를 했는데 이 시도가 실패했을 때 나의 손해보다 타인의 손해가 압도적으로 클 것 같다면 그런 시도 역시 해서는 안 된다. 이럴 때는 최대한 보수적으로 접근해야 한다. 이때는 당신의 판단력과 가치관이 중요하다. 지금 하려는 이 시도를 정확히 판단할 수 있어야 하고, 타인이 입을 수도 있는 피해 역시 정확히 진단할 수 있어야 한다. 모든 행위의 책임은 당신 몫이다. 자유가 당신의 권리인 것처럼.

예전에 모임에서 한 대표를 만난 적이 있다. 짧은 만남이었고 그가 운영하는 회사에 대한 정보도 많지 않았다. 그런데 모임에서 꽤 좋은 인상을 받았고 그가 직원 한 명을 채용한다기에 마침 이직을 생각하고 있다는 후배 한 명이 떠올라 소개해 줬다. 그렇게 후배는 그 대표의 회사에 들어가게 되었다. 몇 개월 뒤 후배가 퇴사했다는 소식을 들었다. 그 회사가 그리 좋은 회사가 아니었던 것이다. 오히려 블랙 기업이라 불릴 정도였던 모양이다. 내가 겪은 대표의 모습도 실제와는 많이 달랐다고 한다.

나는 그때의 일을 참 많이 반성했고 지금도 그때를 생각하면 마음이 무겁다. 무지하고 경솔했던 나의 실수로 후배는 귀중한 시간을 빼앗겼고 나 때문에 그 후배가 꽤 고통스러운 시간을 보냈기 때문이다. 내가 피해받은 것은 없었지만 나의 실수로 인한 피해를 오롯이 다른 사람이 받게 된 건 큰일이었다. 해서는 안 될 실수다.

그 이후로 나는 사람을 소개하는 일에 매우 보수적인 태도를 취한다. 소개해 주는 사람에 대해서도, 소개받을 사람에 대해서도 그리고 이 둘의 시너지에 대해서도 어느 정도 확신이 생긴 뒤에나 서로를 소개한다. 그리고 반드시 이렇게 덧붙인다.

"내 생각에는 서로 도움이 될 것 같아. 그렇지만 어디까지나 내 생각일 뿐이야. 소개받는 순간부터 나는 신경 쓰지 마. 내 입장은 조금도 배려할 필요 없어. 만나보고 아니면 바로 아니라고 말해. 지금이라도 소개받고 싶지 않다면 언제든 말해."

나는 여전히 당신이 시행착오를 두려워하지 않고, 오히려 시행착오를 찾아 헤매며 성장해 나가길 응원한다. 그러나 동시에 그렇게 해보기로 마음먹었을 때 당신만의 범위가 확실하길 기대한다. 타인을 망칠 수도 있는 시도 앞에서 나는 당신이 성장하고 싶다는 욕심에 액셀을 밟기보다 조금 돌아가고 조금 늦어져도 괜찮으니 브레이크를 밟을 수 있는 사람이었으면 좋겠다.

때로는 브레이크를 밟는 것이 액셀을 밟는 것보다 더 큰 용기를 필요로 한다는 것을 깨닫는 것. 이것이 세컨더리 마인드의 마지막 처세술이다.

세컨더리 마인드의 완성: 행운을 경계하라

살다 보면 그런 날이 있다. 어쩐지 일이 술술 풀리는 운수 좋은 날 말이다. 출근길 아파트 엘리베이터가 마침 우리 집 층수에 멈춰 있는 날, 지하철이 딱 맞춰 도착하고, 부장님이 점심 회식 때 내가 원하던 메뉴를 이야기하는 날. 어쩌다 한 번 로또를 샀는데 당첨되어 공돈 몇만 원이 생기는 그런 날 말이다.

상상만 해도 기분 좋은 날이다. 인생에 가끔 찾아오는 이런 일들을 우리는 행운이라고 부른다. 팍팍한 삶에 단비 같은 일들은 분명 사람을 행복하게 만들어준다. 그러나 시행착오를 통해 무언가를 배우는 관점에서는 이런 일들이 마냥 반갑지만은 않다. 오히려 이런 행운들은 겹겹이 다가올 때 경계해야 한다. 그 운들이 어느 순간 나를 완전히 망가트릴 수 있기 때문이다. 나는 성공을 향해 뚜벅뚜벅 걸어가는 도중에 여러 운이 찾아왔을 때 이 말을 기억하려고 노력한다.

"행운은 부채를 만든다."

시행착오는 성장통과 같다. 성장통은 고통스럽다. 그러나 성장하려면 이 고통이 꼭 필요하다. 이 고통은 우리를 옳은 방향으로 성장하게 만든다. 성장통을 겪지 않은 채 몸집만 커진 사람은 정서적으로 어딘가 미숙해진다. 즐거움이나 행복을 통해 배우는 것들이 있듯 아픔을 통해서도 배우는 것들이 있는 법이다. 이 모든 것이 조화로울 때 한 사람은 온전한 성장을 이루게 된다.

성공을 위한 세컨더리 마인드를 일깨운다는 것은 성공의 과정에서 얻어야 할 지혜를 얻는다는 뜻이다. 단계마다 얻어야 하는 지혜의 모습이 다르기 때문에 그 과정을 모두 거쳐야만 다음 단계를 돌파할 수 있다. 작은 시행착오에서 배운 지혜는 보다 큰일을 위해 쓰이고 큰 시행착오에서 배운 지혜는 다시 그보다 큰일에 쓰이는 식이다. 작은 단계에서 아무런 실수도 해보지 않는다면, 그래서 그 단계에서 반드시 배워야 할 것들을 배우지 못한다면 다음 단계에서도 실수를 범하기 쉽다. 혹여라도 그다음 단계에서도 운이 좋아 잘 넘어가게 된다면 여전히 배움을 얻지 못한 채 더 높은 단계를 맞이하게 되는 것이다. 행운이 부채가 된다는 건 이런 의미다.

당신이 사업가가 되었다고 가정해 보자. 1인 기업으로 창업한 당신은 아직 시장에서 수익 내는 법을 제대로 배우지 못했다. 그러나 1인 기업이라 괜찮다. 수익을 만들지 못했을 때 본인만 가난해지면 되니까. 그런데 운 좋게 초기 투자를 받았다고 가정해 보자. 여전히 당신은 수익 내는 법을 알지 못하지만, 자본금이 확보되었고 본격적인 사업을 하기 위해 직원 네다섯 명을 고용한다. 그러다 차츰 자본금이 떨어져 직원들의 월급을 주지 못하게 된다. 당신에게 배움이 없었던 탓에 이제는 당신뿐만 아니라 다른 사람에게도 피해를 주기 시작한 것이다. 조금 이기적으로 생각하면 아직 괜찮다. 직원은 소수이고 그들이 이를 문제 삼는다 해도 노동청에 불려 가 벌금을 내면 문제는 해결된다. 이 시점에 당신이 수익 내는 법을 제대로 배워 시장에서 자리 잡을 수만 있다면 말이다.

그런데 당신에게 행운이 이어진다. 처음 투자를 해주었던 자산가가 여전히 당신을 믿고 주변의 자산가들을 소개해 준 것이다. 그 자산가들도 당신이 마음에 들고, 당신의 아이템이 매력 있다고 생각한다. 여전히 시장에서 아무런 수익을 내지 못하고 있지만 말이다. 당신에게 막대한 투자금이 들어오기 시작한다. 많은 자본을 확보한 상태에서 당신은 지금껏 시장 수익을 내지 못한 것이 단순히 규모의 문제였다고 결론 내린다. 그렇게 직원들을 공격적으로 채용한다. 이제 당신의 회사는 40명 규모가 되었다.

그러나 당신은 여전히 시장에서 수익을 만들어내지 못한다. 몇 개월이 지나자 그 많은 자본금은 어느새 바닥났다. 그러나 당신은 이제 기대하기 시작한다. 시장에서 수익을 내지 못하더라도 아직 시기의 문제일 뿐이라고 생각한다. 더 공격적인 운영을 위해 투자금을 마련하기 시작한다. 그러나 이때부터는 투자금 받는 게 점점 어려워진다. 이유는 다양하다. 회사의 규모가 너무 커져서, 투자할 근거가 부족해서, 금리가 오르는 통에 시중에 자본이 잠겨서, 혹은 더 알고 있는 인맥이 이제는 없어서… 여러가지 복합적인 상황이 겹친 것이다. 이런 문제들에 일일이 대응할 수 없었던 당신의 회사는 월급이 밀리기 시작한다. 이제부터 문제는 심각해진다. 단순히 노동청에 불려 가는 것으로는 일이 해결되지 않는다. 어느새 당신은 피의자가 되어 있고 정식 재판에 회부되었으며 구속될 기로에 놓인다.

사업의 관점에서 코로나 시기는 유동성의 황금기였다. 전 세계적으로 시장에는 엄청난 자금이 풀렸고 많은 스타트업이 이 시기에 쉽게 투자를 받았다. 그러나 코로나가 끝나며 고금리의 시대가 시작되었고 투자 시장의 자본은 급격히 메말랐다. 이에 따라 투자금으로 유지되던 많은 스타트업에 위기가 찾아왔다. 위의 이야기는 그 시기 투자에 성공했던 많은 스타트업의 지금 모습이다.

사실 결정적인 문제는 한 가지다. 시장에서 수익 내는 방법을 제때 배우지 못했다는 것. 만약 1인 기업 단계에서 수익을 내지 못해 자금난을 겪었다면 그 단계에서 많은 것을 배울 수 있었을 것이다. 초기 단계에서 당연히 경험했어야 할 실수가 뜻하지 않은 행운을 만나 사라지면서 부채가 쌓인 것이다. 이처럼 시행착오를 통해 배우려는 우리가 가장 주의해야 하는 것 중 하나가 바로 이 행운이 만드는 부채다. 이 부채는 어느 순간 삶 전부를 잡아먹어 버린다.

행운이 만들어주는 시행착오의 부재가 가져오는 또 다른 부작용은 자만심이다. 자신감과 자만심의 차이는 무엇일까? 나는 이 둘의 차이를 이렇게 정의 내린다.

자신감은 통제할 수 있는 영역에 대한 믿음이지만
자만심은 통제할 수 없는 영역에 대한 믿음이다.

'어떠한 일이 생겨도 나는 포기하지 않을 거야!'는 자신감이다. 포기할지 말지는 내가 결정하고 통제할 수 있는 영역이기 때문이다. 그러나 '내가 진행하는 프로젝트는 무조건 잘될 거야!'는 자만심이다. 하나의 프로젝트를 성공으로 만드는 요인은 너무나 다양하다. 그중 많은 부분은 외부 영역이자 내가 통제할 수 없는 영역이다. 자신이 통제할 수 없는 영역에 대한 근거 없는 믿음은 곧 자만심이 된다.

시행착오에서 배움을 얻으면 자신감과 자만심의 차이를 정확히 알게 된다. 자신감은 높아지지만 동시에 자만심은 줄어드는 것이다. 그래서 많은 시행착오를 거쳐 성공에 이른 사람은 자신이 통제할 수 없는 영역에 대해서는 지극히 겸손해진다. 그 겸손함은 주변의 시선을 의식하는 것이 아니다. 실제로 본인이 겪어본 일이 있으니 자연스럽게 체득된 것이다. 내가 어찌할 수 없는 영역은 말그대로 내가 어찌할 수 없다.

자만심을 버리고 그 자리를 자신감으로 채우는 것만으로도 성공은 한층 더 우리와 가까워진다. 변수 앞에서 지극히 보수적으로 생각하되 통제할 수 있는 영역에서 자신을 믿고 온몸을 내던져 승부수를 던지는 것이다. 이 모든 과정의 첫걸음은 아직 어설픈 시기일 때 겪은 시행착오로부터 얻은 배움에서 비롯된다. 그래서 시절마다 겪어야 하는 실수는 반드시 겪어야 하는 성장통이며, 그것을 겪지 못한 것은 행운이 아니라 어쩌면 불행일 수도 있다.

내가 컨설팅하며 대표님들에게 자주 하는 말이 있다.

"시장에서 5000원짜리 고등어를 사면서 가격을 두고 아주머니와 실랑이하는 것과 수십억 원짜리 비즈니스를 놓고 협력사와 협상하는 것은 구조적으로 크게 다르지 않습니다."

시장에서 아주머니에게 원하는 가격에 고등어를 살 수 있다면 협력사와의 수십억 원짜리 협상에서도 내가 원하는 결과를 만들 수 있다. 그래서 무리하게 가격을 깎아 아주머니에게 핀잔을 듣는 경험도 필요한 것이다. 아주머니가 받아들일 수 있는 가격이 얼마인지, 그걸 어떤 식으로 말해야 더 효과가 좋은지를 지금 배워두어야 한다. 그때의 배움은 단순히 그날 저녁 맛있는 반찬거리를 싸게 산 정도로 끝나지 않는다. 언젠가는 내 집을, 내 차를, 내 삶을 바꿀 선물이 되어 돌아올 수 있다.

지금 바로 당신의 성과를 돌아보자. 모든 과정을 스스

로 온전히 설명할 수 있고 그 과정을 자신이 모두 통제할 수 있어 수십 번 같은 시도를 해도 높은 확률로 같은 결과가 나온다고 확신한다면 그것은 성장한 당신이 만든 온전한 성과다.

그러나 만약 스스로 만들어낸 성과임에도 어떠한 과정에서는 '하늘이 도왔다' 혹은 '운이 좋았다'라고 생각되는 영역이 있다면, 다시 그 일을 했을 때 같은 결과를 장담할 수 없다면 성과에 취해 있을 때가 아니다.

그 운이 따랐던 지점에서 당신은 시행착오를 겪어야 했는지도 모른다.

거기서부터 다시 시작해야 한다. 수많은 가설을 세워 봐야 한다. 만약 운이 없었다면 무엇을 더 하고 무엇을 배워야 했을지 고민해 봐야 한다. 그렇게 고민한 여러 방법을 머릿속에서라도 적용해 봐야 한다. 이 과정을 거쳐야만 당신의 성과가 온전히 자리 잡을 수 있다. 이렇게 해야만 그 성과에 작용한 운이 당신에게 불행이 아닌 더 큰 성장의 밑거름 역할을 할 수 있다.

운은 받아들이면 그뿐이다. 그러나 운을 경계하기 시작하면 운은 내가 놓친 중요한 실수의 다른 이름이 된다.

이것이 세컨더리 마인드를 만드는 프로세스의 가장 마지막 단계다. 실수하지 않은 행운을 경계하는 것. 그 행운에 안도하기보다 그 행운에서도 세컨더리 마인드를 일깨울 수 있는 훈련을 하는 것. 그리하여 실수하지 않았음에도 불구하고 실수해야만 얻을 수 있던 배움을 길어 올리는 경지까지 성장한다면 당신이 성공하지 못할 이유는 아무것도 없다. 이것이 내가 당신에게 전하는 마지막 이야기다.

나는 당신에게 머지않아 오래도록 원해온 날이 올 것이라 믿어 의심치 않는다. 물론 여전히 많은 시행착오가 우리를 기다리고 있다. 그러나 그 과정이 더 이상 두렵지 않다면 바로 지금이 나아갈 때다.

이름 모를 타인이기에
건넬 수 있는 위로

가까운 사이에서 오고 가는 따끔한 충고보다 이름 모를 타인의 위로가 더 절실할 때가 있다. 그리고 그 어느 때보다 누군가의 위로가 필요한 시기가 요즘 아닐까 생각한다. 위로보다 비아냥이 익숙한 시대다. 우리는 지금 지나치게 과민하고, 쓸데없이 오지랖이 넓으며, 타인의 부족함을 물어뜯는 데 너무 많은 시간을 할애하고 있다.

살아오며 내가 가장 많이 들었던 말도 "네 선택은 오답이야"였다. 국립대가 아닌 지방 사립대를 가겠다는 나

의 결정에 부모님은 한숨을 쉬며 내 선택이 오답이라 말
했다.

내세울 만한 영어 성적도, 이렇다 할 스펙도 없던 내가
대기업 광고 대행사에 들어가고 싶다고 했을 때 한 광고
대행사의 대표는 오묘한 표정으로 그런 전례는 없었다며
내 꿈은 오답이라 했다.

어렵게 들어간 대기업 광고 대행사를 그만둔다고 했을
때 동료들은 흔치 않은 기회를 스스로 내팽개치는 선택
이라며 또다시 내 결정이 오답이라 했다.

첫 책을 써보기로 했을 때도 사람들은 내게 아직은 이
르다며 좀 더 완숙해진 다음 책을 쓰라고 충고했다. 책 한
권의 무게보다 가벼워 보였던 나는 그들 눈에 오답이었다.

물론 내게 '오답'을 이야기한 사람 중에 내게 나쁜 마
음을 가지고 있거나 내가 망하길 원했던 사람은 없었을
거라고 믿는다. 모두 나를 누구보다 아끼고 내가 잘되길
바랐던 사람들이다. 차라리 의도가 불순했다면 마음껏 욕
이라도 했겠지만 그렇지 않았기에 나는 그들을 원망할
수도 없었다. 그저 충고를 잘 새겨듣겠다며 뒷말을 얼버

무릴 수밖에 없었다. 그러나 그들의 진심 어린 조언과 충고는 사실 내게 별 도움이 되지 않았다. 인사치레라도 따뜻한 위로와 응원의 말이 내게는 더 필요했다.

사람은 결국 환경의 영향을 받는다. 누구보다 독립적이라 자신했던 나 역시 그랬다. 수없이 오답이라는 이야기를 듣다 보니 스스로를 의심하던 때도 있었다. 그 시기 나에게 많은 도움을 준 책 속 한 구절이 있다.

타인의 예상 안에 머무르는 어리석음을 경계하라는 내용의 구절이었다. 사람들은 누군가의 삶 자체에 관심을 가지는 것이 아니라 단지 자신과 다른 선택을 하는 사람을 경계할 뿐이라고, 누군가 자신의 예상을 뛰어넘는 행동을 할 때 사람들은 불안감을 느끼지만 결국 그 불안감도 그를 향한 경외심이 될 것이라는 내용이었다.

발타사르 그라시안(Baltasar Gracián)의 말이다. 당시 내 상황과 맞물려서였을까. 나는 이 구절에 많은 위로를 받았다. 그리고 나 스스로를 다잡았다. 그러고 나니 내 삶을 조금 더 또렷하게 들여다볼 수 있었다.

내 모든 선택에 타인은 없었다. 나는 남들과 비교해 다른 삶 또는 더 나은 삶을 바라지 않았다. 그저 나다운 삶을 바랐다. 누군가에게 인정받는 것은 중요하지 않았다. 내가 나를 인정하면 그뿐이었고 내가 만족하면 그뿐이었다. 남들이 내게 강요했던 뭔지 모를 정답을 찾기 위해서가 아니라 오직 내가 만족할 만한 해답을 찾기 위해서 살아온 내가 보였다.

늘 하고 싶은 게 많았던 나는 언제나 새로운 시작을 해야만 했다. 그래서 늘 어설펐고 항상 실수투성이였다. 그때마다 강해지고 있을 나의 세컨더리 마인드를 떠올렸다면 좋았을 텐데 그러지 못했다. 그때는 미처 알지 못했다. 나의 수많은 시작과 도전이 언젠가 든든한 삶의 내공이 되어줄 것이라는 사실을.

그래서 때로는 같은 실수를 한없이 반복했고 때로는 너무 큰 좌절로 돌이킬 수 없는 상처를 받기도 했지만 나는 다시 다가올 실패와 좌절 그리고 다시 저지를 실수를 피하지 않았다. 적어도 나에게는 포기하지 않는 재능이 있었다. 덕분에 이만큼 성장할 수 있었다. 그 모든 과정이 나를 더 나은 사람으로 만들어준 디딤돌이 되었다.

어쩌면 이 책은 지나온 내 삶을 돌아보며 나 자신에게

하고 싶은 이야기일지도 모르겠다. 잘못되지 않았다고, 잘했다고, 시작을 두려워하지 않았고 실수를 마다하지 않았고 부딪치고 넘어지며 돌아가더라도 끝내 한 걸음 한 걸음 원하는 방향으로 걸어갔기에 오늘의 내가 있다고. 그러니까, 참 수고했다는 말을 해주고 싶었는지도 모르겠다.

나에게 해주고 싶은 이 말을 당신에게도 꼭 전하고 싶다. 나는 당신을 제대로 알지 못한다. 그러니 당신의 상황에 딱 맞는 응원의 말을 건네지는 못할 것이다. 다만 당신이 당신만의 고유한 삶을 위해 달려가고 있다면, 오늘보다 나은 내일을 꿈꾼다면, 당신이 바라는 온전한 모습의 성공을 언젠가 이루길 원한다면 이 말만큼은 자신 있게 전하고 싶다.

잘못되지 않았다.
늦지도 않았다.
어설퍼도 괜찮다.
실수해도 괜찮다.
시작하고자 하는 모든 선택은 옳다.

그리고 당신은 반드시 오늘의 어설픈 실수를 먼 훗날 자랑거리로 생각하게 될 것이다.

나보다 당신을 잘 아는 사람들이 당신의 미약한 시작과 어설픈 실수를 꾸짖더라도 지금 이 순간만큼은 내가 건네는 말의 힘을 믿어주길 바란다. 어쩌면 당신에게도 지금은 충고보다 위로가 필요한 때인지 모르니. 오늘부터 당신이 결심한 모든 시작의 순간순간과 당신이 저지를 모든 시행착오 하나하나에 진심 어린 응원을 보낸다.

제갈현열

무너질수록 더 강해지는 제2의 정신력

세컨더리 마인드

초판 1쇄 발행 2024년 9월 4일
초판 2쇄 발행 2024년 9월 12일

지은이 황현희, 제갈현열
펴낸이 김선식

부사장 김은영
콘텐츠사업본부장 박현미
기획편집 백지윤 **디자인** 황정민 **책임마케터** 오서영
콘텐츠사업4팀장 임소연 **콘텐츠사업4팀** 황정민, 박윤아, 옥다애, 백지윤
마케팅본부장 권장규 **마케팅1팀** 박태준, 오서영, 문서희 **채널팀** 권오권
미디어홍보본부장 정명찬 **브랜드관리팀** 오수미, 김은지, 이소영, 서가을
뉴미디어팀 김민정, 이지은, 홍수경, 변승주
지식교양팀 이수인, 염아라, 석찬미, 김혜원, 백지은, 박장미, 박주현
편집관리팀 조세현, 김호주, 백설희 **저작권팀** 이슬, 윤제희
재무관리팀 하미선, 윤이경, 김재경, 임혜정, 이슬기
인사총무팀 강미숙, 지석배, 김혜진, 황종원
제작관리팀 이소현, 김소영, 김진경, 최완규, 이지우, 박예찬
물류관리팀 김형기, 김선민, 주정훈, 김선진, 한유현, 전태연, 양문현, 이민운

펴낸곳 다산북스 **출판등록** 2005년 12월 23일 제313-2005-00277호
주소 경기도 파주시 회동길 490 다산북스 파주사옥 3층
전화 02-702-1724 **팩스** 02-703-2219 **이메일** dasanbooks@dasanbooks.com
홈페이지 www.dasanbooks.com **블로그** blog.naver.com/dasan_books
용지 스마일몬스터 **인쇄** 한영문화사 **코팅 및 후가공** 평창피앤지 **제본** 한영문화사

ISBN 979-11-306-4861-3(03190)

다산북스(DASANBOOKS)는 책에 관한 독자 여러분의 아이디어와 원고를 기쁜 마음으로 기다리고 있습니다.
출간을 원하는 분은 다산북스 홈페이지 '원고 투고' 항목에 출간 기획서와 원고 샘플 등을 보내주세요.
머뭇거리지 말고 문을 두드리세요.